한국의 종가, 그 역사와 정신

기획   경상북도·한국국학진흥원
지은이   김미영·이창기 외
펴낸이   오정혜
펴낸곳   예문서원

편집   유미희
디자인   김세연

인쇄 및 제본   주) 상지사 P&B

초판 1쇄   2016년 12월 20일

출판등록   1993년 1월 7일(제307-2010-51호)
주소   서울시 성북구 안암로9길 13, 4층(안암동 4가)
전화   925-5914 | 팩스   929-2285
홈페이지   http://www.yemoon.com
전자우편   yemoonsw@empas.com

ISBN   978-89-7646-358-6   03910

값 20,000원

한국의 종가, 그 역사와 정신

'종가宗家'에 대한 관심이 뜨겁다. 설과 추석이 되면 종가의 차례茶禮 영상이 매스컴을 통해 전국으로 퍼져 나가는가 하면, 한류 열풍에 힘입어 한식이 주목을 받으면서 '종가음식'도 더불어 세간의 주목을 받고 있다. 사실 설과 추석의 차례나 장醬을 비롯한 전통음식은 일반가정에서도 쉽게 접할 수 있는 것들이다. 그럼에도 불구하고 종가의 차례와 음식이 관심의 대상이 되는 까닭은 '역사성' 곧 오랜 전통을 간직하고 있기 때문이다.

종가의 오랜 전통이란 쉽게 말해 '가통家統'이다. 즉, 가문을 넘어 지역사회에서 존숭받는 현조顯祖의 삶과 정신이 후손들에게 계승되면서 독창성을 지닌 응축된 문화로 나타나는 것이 바로 가통이다. 구체적으로는 학문적·사회적 성취물인 기록문화, 올곧은 정신을 강조하는 가훈·일기·편지 등의 규범문화, 유교이념이 투영된 고택·사당·서원·정자·재실 등의 건축문화, 검약과 절제의 선비정신을 담고 있는 의례와 음식 등이다.

이처럼 우리가 종가를 주목하는 이유는 전통적 생활문화를 비롯해 오늘날 본받을 만한 정신문화를 계승하고 있기 때문이다. 이는 곧 '종가'의 중요성은 종가 자체보다도 그 종가가 간직하고 있는 '종가문화'에 있다는 것을 의미한다. 이런 까닭에 종가 역시 현조顯祖를 중심으로 이어 내려온 종가문화를 계승하기 위해 다방면으로 노력을 기울이고 있다. 종손은 조부나 아버지로부터 보학譜學과 가학家學 등을 비롯한 가문의 전통을 익혀 나가는 '종손교육'을 받으며, 종부는 시어머니로부터 봉제사접빈객에 필요한 안주인으로서의 역할 등을 전수받는 이른바

'종부교육'을 습득하는 것이다.

지금까지 우리 사회는 경제성장이라는 목표 아래 급속한 산업화·
서구화를 경험했는데, 이 과정에서 전통문화를 경시하는 풍조가 생겨나
기도 했다. 그런데 최근 인성 부재에 따른 각종 사회 문제가 대두하면서
전통적 가치에서 그 해결책을 모색하려는 경향이 나타났으며, 그러는 가
운데 전통문화를 비교적 잘 간직하고 있는 종가가 주목을 받기 시작했
다. 이로써 오늘날의 종가는 개별 가문의 소유를 넘어 공적인 문화자산
이 되었다고 할 수 있는데, 이는 곧 종가문화의 범지역적·범국가적 차
원에서의 보존 필요성을 의미하는 것이기도 하다.

이 책은 경상북도에서 추진하고 있는 종가포럼의 성과물이다.
2009년부터 시작된 종가포럼은 올해로 9회째를 맞는다. 매년 종가문화
의 핵심적 아이템을 선정해 학술강연, 전시, 공연 등을 중심으로 진행해
왔는데, 2009~2015년(1~8회)까지의 포럼자료집에 실린 강연 원고를 모
아 이번에 단행본으로 발간하게 되었다. 국내에 종가문화 관련 이론서
가 전무全無한 상황에서 매우 의미 있는 책이 될 것으로 기대한다.

마지막으로 여의치 않은 상황에서도 책 발간을 위해 기꺼이 힘을
보태 주신 예문서원 오정혜 대표에게 감사의 말을 전한다.

2016년 10월
글쓴이를 대표하여 김미영 씀

제 1 장

종가의 불천위, 그 사회문화적 의미

김미영
(한국국학진흥원 수석연구위원)

1. 종宗, 혈통의 위계질서를 위한 문화적 장치

종가의 사전적 정의는 '한 문중에서 맏아들로 이어 온 큰집' 이다. 이 말은 성씨의 시조에서 후대로 갈라지는(分派) 숫자만큼 종가가 존재한다는 것과 다름없다. 이와 관련해 2013년 통계청 발표에 따르면 우리나라의 성씨는 333개이고 본관은 약 5,800개라고 한다. 이에 기초할 때 성씨의 시조로부터 직계 혈통으로 내려오는 대종가는 5,800개가 되는 셈이고, 이후 분파과정에서 형성되는 파종가派宗家까지 포함하면 그야말로 엄청난 숫자의 종가가 생겨나게 된다. 그러나 이는 어디까지나 이론에 불과할 뿐, 현실에서는 다른 양상을 나타낸다. 즉, 종가는 혈통

입암 류중영과 그의 아들 겸암 류운룡을 불천위로 모시고 있으나, 두 분의 불천위를 함께 모시지 않는다는 원칙에 의해 류중영과 현 종손의 4대조상을 함께 모시고, 류운룡은 별도의 사당에 모셨다. ─풍산류씨 양진당종가, 안동

4대조상의 가묘와는 별도로 불천위 사당을 마련해 둔 경우-안동권씨 이우당종가, 안동

불천위 사당만을 마련하고 있는 경우-풍산김씨 죽봉종가, 안동

에 근거하여 임의적으로 형성되는 것이 아니라 일정 자격을 전제로 창출되는 까닭에 상당히 제한적일 수밖에 없다. 이런 배경에서 종가의 실제 숫자는 성씨나 문중 숫자에 비해 훨씬 줄어들게 된다.

그렇다면 종가의 자격요건이란 무엇일까. 사실 종가나 문중 등은 관습적 실체인 까닭에 법적·제도적 근거 기준이 없는 실정이다. 다만 민간에서 전하는 자격요건이 있지만, 이것 역시 지역별 편차가 크다. 그중에서 공통된 요소를 정리하면 혈통적 자격요건과 사회문화적 자격요건으로 대별된다. 여기서 혈통적 요소라고 하면 성씨의 시조로부터 직계 혈통으로 내려온 집으로 간주하기 쉬운데, 이것만으로는 종가를 형성할 수 없다. '종가宗家'의 '종宗'이라는 글자에서 "宀"는 집이나 건물을 뜻하고, '示'는 신에게 바치는 희생犧牲을 차려 둔 제단을 상징한다. 따라서 '종宗'이라는 글자에는 '건물 안에서 제사를 지낸다'는 의미가 함축되어 있으며, 그 건물은 사당(廟)을 가리킨다.[1] 그렇다면 이때의 사당이란 어떤 것일까. 대개 일반적인 사당에는 고조부모까지의 4대조의 신주가 모셔져 있으나, 이로써는 '종宗'이 성립되지 않는다. 그렇다면 종宗을 이루기 위한 사당이란 무엇일까. 이와 관련한 내용이 『예기』의 「대전大傳」과 「상복소기喪服小記」에 상세히 수록되어 있다.[2]

---

1) 김미영, 「불천위 추대기준에 대한 제도적·담론적 고찰」, 『국학연구』 17(한국국학진흥원, 2010), 401쪽.
2) 『禮記』, 「大傳」; 「喪服小記」.

별자別子는 조祖가 되고, 별자를 계승하는 자는 대종大宗이 되며 아버지를 잇는 자는 소종小宗이 된다. 백세가 지나도록 옮기지 않는 종이 있고 5세를 넘기면 옮기는 종이 있다. 백세가 되어도 옮기지 않는 종은 별자의 후손(적장자)이니, 별자를 잇는 자의 시조를 종으로 하는 자는 백세토록 옮기지 않는 것이다. 고조를 잇는 자를 종으로 하는 자는 5세가 되면 옮기는 것이다. 조상을 존중하는 까닭에 종자를 공경하니 경종敬宗은 조상을 높이고자 하는 것이다.

별자는 조祖가 되고 별자를 잇는 자는 종이 되며 아버지를 잇는 자는 소종이 된다. 5세가 지나면 옮기는 종이 있으니 그 고조를 잇는 자이다. 이런 연유로 조는 위에서 차례로 옮기고 종은 아래에서 바뀌어 간다. 조상을 존중하는 까닭에 종자를 공경하니 경종敬宗은 조상을 높이고자 하는 것이다.

내용을 보듯이 주나라의 종법에서는 별자別子[3]에게 백세토록 옮기지 않는 종宗을 형성할 수 있는 자격을 부여했는데, 이를 '백세불천百世不遷'이라고 한다. 그런가 하면 『예기』에 "별자가 아니더라도 최초로 봉작封爵된 자도 시조가 된다"[4]는 내용이 나타나고, 『백호통』에도 "제

---

3) 別子란 제후의 장남 이외의 아들이다. 즉, 제후의 장남은 아버지인 제후의 지위를 물려받고, 그 외의 아들인 별자는 자신이 시조가 되어 독립된 宗을 형성하는 것이다.
4) 『禮記』, 「大典」.

① 불천위를 모시고 있는 경우에는 벽감을 5칸 마련하며, 가장 서쪽에 불천위 조상을 모신다.
　　－흥해배씨 임연재종가, 안동
② 불천위를 모신 벽감을 북쪽이 아니라 서쪽에 설치해 둔 경우－청주정씨 죽헌종가, 안동
③ 4대조상과 차별화되는 불천위 감실－영천이씨 간재종가, 안동
④ 불천위 조상을 중앙에 모시고 좌우로 4대조상을 모신 경우－고창오씨 죽유종가, 고령

후의 별자가 아니더라도 공功이나 덕德으로 대부가 된 자는 백세불천의 제사를 받는 대종이 될 수 있었다"[5]는 대목이 등장한다. 이처럼 제후의 혈통을 잇는 왕족이 아니더라도 공훈功勳을 인정받으면 백세불천이 될 수 있었는데, 이것이 바로 한국의 불천위에 해당한다. 이 논리에 따르면 종가의 자격요건인 혈통적 요소란 '성씨의 득관조 이후 일정 시점에 이르러 독자적인 종宗을 형성한 시조의 혈통'이 되는 셈이다. 따라서 그 혈통을 잇는 가문이 바로 종가라는 결론에 이른다. 다만 주나라에서 통용되었던 종宗은 우리의 파派(派宗)를 의미하고, 종을 형성한 시조란 파시조(派祖)를 일컫는다는 점이 다를 뿐이다. 이런 점에서 조선시대 이래 형성되어 온 한국의 종가는 엄밀히 말해 '파종가派宗家'라고 할 수 있다.

종가의 두 번째 자격요건인 사회문화적 요소는 쉽게 말해 가통家統, 곧 가문의 문화적 전통을 말한다. 주로 학문적(學統) 및 사회적(官職) 성취물인 기록문화, 정신적 가르침을 일러둔 가훈 · 일기 · 편지 등의 규범문화, 고택 · 사당 · 서원 · 정자 · 재실 등의 건축문화, 검약과 절제의 선비정신을 담고 있는 의례와 음식 등의 생활문화, 종가의 존재 기반으로서 종회와 족계 등의 조직문화가 해당된다. 그런데 사회문화적 요소인 가통의 중심에는 불천위 인물이 존재하고 있다. 즉, 불천위로 추대된 인물은 학문 · 정신 · 생활규범 등에서 삶의 귀감이 되는 경우가 대부분인데, 이에 자손들은 불천위 조상의 삶과 정신을 이어받아

---

5) 『白虎通』, 「宗族」.

가문의 독자적인 문화자산을 구축·계승함으로써 가통을 수립해 나가는 것이다.

2. 삶의 귀감으로서의 불천위 인물

지금까지 항간에서 알려진 바에 따르면 불천위 추대요건은 대개 세 가지로 정리된다. 첫째는 공존사직功存社稷, 곧 '사직을 받든 공'이다. 사직은 토지신과 곡신穀神을 모신 곳으로, 대개 임금이 나라를 세워 백성을 다스릴 때 가장 먼저 사직단을 만들어 제사를 지낸다. 이처럼 사직은 국가를 상징하는 존재였는데, 이와 마찬가지로 사직을 받든 공이라는 것은 나라가 위태로울 때 몸을 바쳐 나라를 지키는 등의 공적을 의미한다. 둘째는 교재사문敎在斯文, 곧 '학문에 끼친 공'이다. 조선은 유교를 기반으로 건국되었던 까닭에 여기서의 학문이란 유학을 뜻한다. 따라서 학문에 끼친 공이란 유학적 이론을 독창적으로 구축하여 학맥을 형성하는 등의 공적을 말한다. 셋째는 업수후예業垂後裔, 곧 도덕적 귀감이 된 공이다. 유가의 일상적 덕목에 해당되는 충과 효 등의 모범적 삶을 실천함으로써 후손들과 백성들에게 귀감이 되는 공적이다.

이들 공적을 기반으로 타당성 여부를 검토한 뒤 불천위 추대가 이루어지는데, 이를 국불천위라고 한다. 여기에는 대략 2가지 추대 경로가 있는 것으로 알려져 있다. 첫째는 불천위로 천거된 인물이 국가적 차원에서 백성들에게 귀감이 될 만하다고 판단되면 임금이 직접 국론을 거쳐 예조에 명하여 교지와 함께 가묘와 제구, 전답 등을 내리는 방식이다. 둘째는 백성들의 공론에 의해 추대되는 경우이다. 주로 해당 인물의 거주지역 유림들로부터 천거를 받은 뒤 엄중한 공론과정을 거쳐 결정된다. 그런 다음 지역유림의 결의안으로 예조에 상소를 하면, 예조에서 내용을 검토한 후 국론을 거쳐 지역으로 가부의 하명을 내린다. 다만 전자는 국가 차원에서 천거되고 후자는 지역 차원에서 천거가 행해진다는 것일 뿐, 국론에 의해 불천위 추대가 이루어지는 점에서는 동일하다.

1) 불천위 인물의 지역별 · 시대별 분포

【표 1】은 전국 불천위 인물의 통계현황으로, 2016년에 집계된 자료이다. 이에 따르면 전국의 불천위 인물은 476명이다.[6] 지역별로는 경북과 대구가 196명으로, 전체 41%를 차지하고 있는 점이 주목된다. 구체적으로는 대구가 9명이고, 나머지 187명은 경북지역에 밀집해 있다. 다음으로 경기도가 109명으로 전체 23%이며, 충남 · 대전과 서울이 48명과 47명으로 그 뒤를 잇고 있다. 참고로 제주도와 경상북도의 울릉도, 청송, 포항은 불천위가 없는 것으로 조사되었다.

---

6) 전국 476명의 불천위 인물은 공신 등의 자격요건으로 추대 받은 국불천위를 비롯해 향내 유림들의 공론을 거쳐 추대된 향불천위(일명 유림불천위)도 포함되어 있다.

【표 1】 전국 불천위 인물 분포 현황

전체	서울	강원도	경기도	경상남도	경북·대구	전남·광주	전북	충남·대전	충북
476	47	5	109	25	196	8	25	48	13
100%	10%	1%	23%	5%	41%	2%	5%	10%	3%

　【표 1】과 같이 경북지역에 불천위 인물이 집중해 있는 것은 여타 유교문화의 분포 현황을 통해 설명할 수 있다. 이중환의 『택리지』에 "조선 인재의 반은 영남에 있고, 영남 인재의 반은 일선―善(선산)에 있다"는 말이 있듯이, 경북지역은 전국에서 가장 많은 유학자를 배출한 곳으로 알려져 있다. 실제로 일제강점기의 조사보고서인 『조선의 취락』에 따르면, 전국의 유생 227,546명 중에서 경상북도가 33,458명, 전라남도가 32,509명, 황해도가 31,291명 등으로, 전체 유생의 숫자에서 경북이 우위를 차지하고 있다.[7] 또 조선시대 전국의 서원과 사우는 총 798개소로,[8] 이 가운데 경상도가 291개소로 전국 1위를 차지하고 있다. 서원은 지역사회를 대표하는 공적 유교문화로, 유학자를 양성하는 교육기관, 군자로서의 자기완성을 실현하기 위한 인격수양기관, 공론 형성을 주도하는 지역중심기관, 선현을 모시는 제향기관으로서의 기능을 담당해 왔다. 아울러 『조선의 취락』에 따르면, 전국의 대표적인 동

---

7) 善生永助, 『朝鮮の聚落―後篇』(조선총독부, 1935), 663쪽.
8) 『安東市史』 Ⅰ, 4장 중세의 사회와 문화(안동시사편찬위원회, 1999), 225쪽.

【표 2】경북지역 불천위 인물 분포 현황

(2016년 7월 기준)

전체	경산	경주	고령	구미	군위	김천	문경	봉화	상주	성주
196	1	8	3	8	5	4	3	17	15	11
100%	1%	4%	2%	4%	3%	2%	2%	9%	8%	6%
안동	영덕	영양	영주	영천	예천	울진	의성	청도	칠곡	대구
50	7	5	15	10	8	3	7	2	5	9
26%	4%	3%	8%	5%	4%	2%	4%	1%	3%	5%

성마을 1,685개 가운데 5백 년 이상 된 것이 207개, 3백 년에서 5백 년 미만이 646개, 1백 년에서 3백 년 사이가 351개, 1백 년 미만이 23개, 정확한 연대를 알 수 없는 것이 458개라고 한다. 이 가운데 경상북도는 5백 년 이상이 된 동성마을이 36개로 집계되어 전국에서 가장 많은 숫자를 보이고 있으며, 3백 년에서 5백 년 미만의 동성마을도 경상북도가 110개로 전국에서 으뜸이다.[9]

　【표 2】는 (대구를 포함한) 경북 도내 불천위 인물의 분포 현황이다. 도내 23개 시군 중 울릉도와 청송, 포항을 제외한 20개 시군에서 불천위 인물 자료가 수집되었다. 총 196명 가운데 안동이 50명으로, 전체 26%를 차지하고 있다. 이는 아마도 안동지역의 강한 유교적 성향과 관련이 있는 듯하다. 앞서 인용한 『조선의 취락』에 따르면 전국 동성마을 15,000개 중에서 경상북도가 1,901개로 집계되어 있는데, 안동지역은

---

9) 善生永助, 『朝鮮の聚落－後篇』(조선총독부, 1935), 218쪽.

183개로 1위를 차지하고 있다.[10] 이와 관련해 2003년 실시된 조사에 따르면 현재 안동지역에는 크고 작은 동성마을이 113개 정도 자리하고 있는 것으로 알려져 있다.[11] 그리고 일제강점기의 조사에서 전국의 유학자 227,546명 중 경상북도가 33,458명이고 안동지역은 18,970명으로 경북 전체의 1/3을 차지하는 것으로 집계되고 있다.[12] 당시 안동지역의 전체 인구 약 227,000명(봉화군을 포함)[13]에 대한 유학자의 비율은 4.8%로, 전국 평균치 1.6%보다 훨씬 높은 비율이다. 안동은 학문적 · 정치적으로도 뛰어난 인물을 상당수 배출하였다. 『조선의 취락』에는 학문적 · 정치적 유명 인물을 배출한 동성마을이 소개되어 있는데, 안동지역의 경우 총 17개로 전국에서 가장 많은 숫자의 마을이 거론되어 있다. 또한 유명 인물과 유학자를 기술하는 부분에서는 유일하게 안동지역만을 거론하여 인물 내력과 출신 마을 등을 설명하고 있기도 하다.(고려시대 29명, 조선시대 140명)[14]

【표 3】은 전국 불천위 인물의 시대별 생존연대를 정리해 둔 것이다. 주목되는 점은 전국의 불천위 인물 476명 가운데 절반가량이 1500년~1600년 사이에 생존했다는 사실이다. 이는 아마도 불천위 제도가

---

10) 善生永助, 『朝鮮の聚落－後篇』(조선총독부, 1935), 511~516쪽.
11) 김미영, 「유교문화의 산실, 안동의 동성마을과 종가」, 『안동문화 바로알기』(한국국학진흥원, 2006), 196쪽.
12) 善生永助, 『朝鮮の聚落－後篇』(조선총독부, 1935), 663쪽.
13) 조선시대의 안동은 안동군과 봉화군의 대부분이 포함되었다.(김덕현, 「유교적 촌락 경관의 이해」, 『한국의 전통지리사상』, 민음사, 1991, 201쪽.)
14) 善生永助, 『朝鮮の聚落－後篇』(조선총독부, 1935), 686~697쪽.

【표 3】 전국 불천위 인물의 시대별 분포 현황

(2016년 7월 기준)

구분	1200년대~1300년대	1300년대~1400년대	1400년대~1500년대	1500년대~1600년대	1600년대~1700년대	1700년대~1800년대	1800년대~1900년대	미상
서울 (47)	1	14	21	9	2	—	—	—
	2%	30%	45%	19%	4%	—	—	—
강원 (5)	—	—	2	2	1	—	—	—
	—	—	40%	40%	20%	—	—	—
경기 (109)	1	13	50	35	9	1	—	—
	1%	12%	46%	32%	8%	1%	—	—
경남 (25)	—	3	4	14	4	—	—	—
	—	12%	16%	56%	16%	—	—	—
경북·대구 (196)	—	10	39	105	28	13	0	1
	—	5%	20%	55%	14%	7%		—
전남·광주 (8)	—	2	—	3	—	2	1	—
	—	25%	—	38%	—	25%	13%	—
전북 (25)	4	2	6	8	2	2	—	1
	16%	8%	24%	32%	8%	8%	—	4%
충남·대전 (48)	1	6	9	24	7	1	—	—
	2%	13%	19%	50%	15%	2%	—	—
충북 (13)	—	1	6	5	1	—	—	—
	—	8%	46%	38%	8%	—	—	—
전체 476	7	51	137	205	54	19	1	2
	1%	11%	29%	43%	11%	4%	0%	0%

유교적 가족이념, 곧 종가와 문중제도와 맞물려 있는 것과 밀접한 관련성을 지니고 있는 듯하다. 즉 16세기는 중국에서 도입된 성리학이 정착하는 시기로, 이는 곧 당시 조선 사회에 유학자가 대거 양산되었음을 뜻하기도 한다. 실제로 불천위 인물 가운데 공신을 제외한 대부분은 유학자 출신이기도 한데, 이러한 경향이【표 3】을 통해서 잘 드러나고 있는 것이다.

그런가 하면 불천위 인물의 생존시기인 1500년~1600년은 불천위 추대시기를 의미하지는 않는다. 왜냐하면 대개 불천위 추대는 해당 인물이 사망하고 나서 직계 자손들의 4대봉사와 방계 후손들에 의한 체천봉사遞遷奉祀까지 모두 마치는, 이른바 친진親盡을 다한 조상을 대상으로 이루어지기 때문에 이를 시기적으로 보면 대략 1600년~1700년에 걸쳐 있는 셈이다. 그런데 흥미롭게도 17~18세기는 조선 사회에서 성리학이 본격적으로 정착하여 보급된 시기와 일치한다. 즉 성리학이 정착·확대됨으로써 유교적 가족이념 역시 강화되었을 터이고, 이로 인해 사회 전반으로 불천위를 중시조로 삼아 문중을 형성하고 종가를 창출하고자 하는 경향이 강해졌을 것으로 보인다.

2) 불천위 인물과 공신

공신이란 국가나 왕실을 위해 공적을 세운 사람에게 부여되는 칭호이다. 우리나라의 공신제도는 삼국시대 이래 시행된 것으로 알려져 있다. 고려시대에는 태조 왕건을 중심으로 개국 당시 큰 공적을 올린

홍유洪儒를 비롯한 약 2천 명을 3등급
으로 구분하여 공적을 올린 등급에 따
라 차등적으로 상을 내렸으며, 940년
(태조 23)에는 신흥사新興寺를 중수하고
공신당을 건립하여 1등 및 2등 공신의
초상화를 벽에 그려 개국벽상공신이
라 일컬으며 해마다 재회齋會를 개최
하기도 했다.

공신에는 왕이 사망하고 나서 위
패를 종묘에 모실 때 해당 임금이 왕위
에 있을 당시 특별한 공로를 세운 신하
의 신주를 함께 모시는 배향공신이 있
으며, 또 역모와 같은 큰 사건을 평정
하여 왕실 보전에 일정 기여를 올린 사
람을 위한 훈봉공신(또는 훈호공신) 등이
있는데, 훈봉공신의 경우 1등에서 4등
까지의 정공신과 등외의 원종공신으
로 분류된다. 이들 가운데 가장 보편적
인 것이 훈봉공신이고, 아울러 불천위
추대 대상은 정공신이다. 이런 과정을
거쳐 공신으로 지정된 인물에게는 녹
권을 비롯해 영작榮爵과 토지나 노비

① 불천위 감실과 영정 − 의성김씨 청계종가, 안동
② 불천위 감실과 영정 − 풍산류씨 서애종가, 안동
③ 불천위 감실과 영정 − 전의이씨 난졸재종가, 안동

【표 4】 전국 불천위 인물의 공신 현황

(2016년 7월 기준)

전체 (476)	서울 (47)	강원도 (5)	경기도 (109)	경상남도 (25)	경북·대구 (196)	전남·광주 (8)	전북 (25)	충남·대전 (48)	충북 (13)
222	45	3	78	6	45	1	13	21	10
	96%	60%	72%	24%	23%	13%	52%	44%	77%

【표 5】 경북지역 불천위 인물의 공신 현황

(2016년 7월 기준)

전체 196	경산 (1)	경주 (8)	고령 (3)	구미 (8)	군위 (5)	김천 (4)	문경 (3)	봉화 (17)	상주 (15)	성주 (11)
45	0	6	2	1	1	3	0	5	3	0
	0%	75%	67%	13%	20%	75%	0%	29%	20%	0%
안동 (50)	영덕 (7)	영양 (5)	영주 (15)	영천 (10)	예천 (8)	울진 (3)	의성 (7)	청도 (2)	칠곡 (5)	대구 (9)
8	1	1	3	2	1	1	1	1	1	4
16%	14%	20%	20%	20%	13%	33%	14%	50%	20%	44%

를 하사했으며, 그 후손들에게는 음직의 벼슬을 내려 주는가 하면 심지어 죄를 지었을 경우에는 감면해 주기도 했다.

　【표 4】를 보듯이 전국 불천위 인물의 공신 현황에서 서울지역의 경우 불천위 인물 전체 47명 중 45명(96%)이 공신이라는 사실이 주목된다. 경기도 역시 불천위 인물 전체 109명 가운데 78명(72%)이 공신으로 집계되었다. 이에 반해 전국에서 가장 많은 숫자의 불천위 인물을 보

유하고 있는 경북과 대구는 공신이 차지하는 비율이 23%에 그치고 있는 점이 흥미롭다. 여타 지역 역시 마찬가지다. 충북·전북·강원도의 경우에만 공신의 비율이 절반을 넘을 뿐, 나머지 지역은 대체로 저조한 편이다. 이런 경향은 서울과 경기도 불천위 인물의 특징을 여실히 드러내는 것으로, 아마도 왕족 가계와 관련된 인물(종친, 외척, 인척) 및 고관대작 출신 등이 이들 지역에 밀집해 있는 데서 비롯된 결과로 보인다. 【표 5】는 경북 도내 불천위 인물의 공신 현황이다. 불천위 인물 숫자 대비 공신 비율에서 김천, 고령, 경주 등이 비교적 높게 나타나고, 안동은 불천위 인물의 보유 숫자에 비해 공신은 16%라는 낮은 비율을 차지하고 있는 점이 주목된다.

3) 불천위 인물과 청백리

청백리는 염근리廉謹吏라고도 하는데, 말 그대로 청렴하고 근면한 관리를 일컫는다. 청백리 제도는 조선개국 초기에 실시되었으며, 중종 대에 정비되었고, 선조 대에 선발 절차의 규정 등이 보완되어 정립된 것으로 알려져 있다. 청백리는 왕명에 따라 경외2품 이상의 관인 가운데 생존해 있거나 혹은 사망한 인물을 대상으로 자격 여부를 판단해 2인씩을 추천한 뒤 이를 육조판서가 심사하여 국왕의 재가를 얻어 확정하는 방식으로 진행되었다. 참고로 당시의 선발 사유로는 '청백淸白'·'근검勤儉'·'경효敬孝'·'후덕厚德'·'인의仁義' 등의 품행이 제시되어 있다. 이들 대부분 국록 외에 공가公家(국가)나 사가私家(개인)에

폐를 끼치지 않고 청렴하고 검소함으로 일생을 보낸 인물이다.

그런가 하면 공신의 경우와 달리 청백리의 녹선이 곧바로 불천위 추대로 연결되지는 않지만, 향후 불천위 추대를 위한 자격요건의 명분으로 작용하는 경우가 많다. 그런데 아쉽게도 조선시대 청백리에 녹선된 정확한 숫자는 알려져 있지 않다. 다만 명단을 기록하고 있는『전고대방典故大方』에 219명이 수록되어 있으며,『청백고淸白考』에는 186인이 실려 있다.[15] 그 외 청백리에 관련된 공식적 자료는 전하지 않는다. 생존 시에 청백리로 선발된 인물에게는 재물을 내리고 관계官階와 관직을 올려 주었으며, 그의 적장자나 적손들에게는 재물을 주거나 관직에 등용하도록 했다. 특히 청백리에 녹선된 인물에게는 사후일지라도 가자加資·승직陞職이나 증직 등의 관직 우대가 주어졌다. 또 그의 후손은 2품 관리의 천거에 의해 특채 등의 혜택이 부여되기도 했다.

【표 6】을 보듯이 전국 불천위 인물 가운데 청백리는 31명에 불과하다. 청백리의 전체 숫자에 비해 매우 낮은 비율이라 할 수 있다. 특히 서울의 불천위 인물 47명 가운데 청백리가 전혀 나타나지 않는 점이 주목된다. 이는 아마도 서울의 경우 청백리의 대상에서 제외되어 있는 왕족 계통 중심으로 불천위 인물이 구성되어 있기 때문으로 추측된다. 【표 7】은 경북 도내 불천위 인물의 청백리 현황이다. 안동지역이 4명으로 가장 높은 분포를 나타내고 있는데, 이는 다수의 유학자를 배출한 지역적 특성이 반영된 것으로 보인다.

---

15) 한종만, 「한국 淸白吏像 연구」,『논문집』11(원광대학교, 1977), 13쪽.

【표 6】 전국 불천위 인물의 청백리 현황

(2016년 7월 기준)

전체 (476)	서울 (47)	강원도 (5)	경기도 (109)	경상 남도 (25)	경북· 대구 (196)	전남· 광주 (8)	전북 (25)	충남· 대전 (48)	충북 (13)
31	0	1	10	3	11	0	2	3	1
	0%	20%	9%	12%	6%	0%	8%	6%	8%

【표 7】 경북지역 불천위 인물의 청백리 현황

(2016년 7월 기준)

전체 196	경산 (1)	경주 (8)	고령 (3)	구미 (8)	군위 (5)	김천 (4)	문경 (3)	봉화 (17)	상주 (15)	성주 (11)
11	0	2	1	2	0	0	0	1	0	0
	0%	25%	33%	25%	0%	0%	0%	6%	0%	0%

안동 (50)	영덕 (7)	영양 (5)	영주 (15)	영천 (10)	예천 (8)	울진 (3)	의성 (7)	청도 (2)	칠곡 (5)	대구 (9)
4	0	0	0	0	0	0	0	0	0	1
8%	0%	0%	0%	0%	0%	0%	0%	0%	0%	11%

4) 불천위 인물과 시호

청백리와 마찬가지로 시호 역시 불천위 추대를 위한 자격요건이 되는 경향이 강하다. 시호 제도는 벼슬을 역임한 인물이나 학덕이 높은 선비의 삶을 공의에 의해 엄정하게 평가하는 데 그 의의를 두고 있다. 이런 과정에서 해당 인물의 생전 행적 가운데 대표적인 것을 선정하여 두 글자로 압축·요약하여 상징적으로 나타냈는데, 이는 후세 사람들에게 귀감의 사례를 보여 주기 위함이었다. 시호는 조선 초기만 하더라도 왕과 왕비, 왕의 종친, 또 실직에 있는 정2품 이상의 문무관과 공신에게만 주어졌으나 후대로 점차 내려오면서 그 대상이 완화·확대되었다. 따라서 비록 생전에 낮은 관직을 역임했던 사람일지라도 증직과 동시에 시호를 내려 받는 일도 적지 않았다. 이때 시호 내리는 일을 증시라 하고, 또 후대에 추증을 통해 시호를 내리는 것을 추시라고 한다.

시호를 정하는 방법은 시호법에 따르는데, 각각의 글자마다 해당하는 뜻을 4글자 내외의 한자로 설정해 놓은 것이다. 예를 들면 문文: 경천위지經天緯地(천하를 경륜하여 다스리다), 충忠: 위신봉상危身奉上(자신이 위태로우면서도 임금을 받든다), 무武: 절충어모折衝禦侮(적의 창끝을 꺾어 외침을 막다) 등의 방식이다. 그런가 하면, 사시私諡라는 것도 있다. 일반적으로 국가에서 시호를 정해 내려 주는 것이 원칙이지만, 당시의 시대상황 등과 같은 여러 이유로 저명한 학자나 문인, 친구 또는 개인이나 지역유림단체 등이 시호를 붙여 주는 경우를 말한다.

【표 8】은 전국 불천위 인물의 시호 현황이다. 서울과 경기도를 비롯해 강원과 충북지역이 대체로 높은 비율을 보이고 있으며, 충남·대전과 전북지역, 경남지역이 그 뒤를 잇고 있다. 흥미로운 점은 전국에서 196명이라는 가장 많은 불천위 인물을 보유하고 있는 경북·대구의 공신 비율이 현저히 낮다는 사실이다. 아마도 이는 시호 자체가 왕족이나 그 외척과 인척을 비롯해 정2품 이상의 문무관과 공신에게 주어

【표 8】 전국 불천위 인물의 시호 현황

(2016년 7월 기준)

전체 (476)	서울 (47)	강원도 (5)	경기도 (109)	경상남도 (25)	경북·대구 (196)	전남·광주 (8)	전북 (25)	충남·대전 (48)	충북 (13)
279	42	4	90	12	67	1	17	34	12
	89%	80%	83%	48%	34%	13%	68%	71%	92%

졌던 까닭에, 조선시대에 중앙 정계로의 진출이 비교적 원활하지 못했던 영남학파가 처한 당시의 상황과 밀접한 관련성이 있는 것으로 생각한다. 이에 반해 기호학파의 경우에는 조선시대 오랜 기간 권력의 중심부를 장악하고 있었기 때문에 이러한 결과가 나타났을 것으로 추측한다. 【표 9】는 경북 도내 불천위 인물의 시호 현황이다. 대체로 고른

【표 9】 경북지역 불천위 인물의 시호 현황

(2016년 7월 기준)

전체 196	경산 (1)	경주 (8)	고령 (3)	구미 (8)	군위 (5)	김천 (4)	문경 (3)	봉화 (17)	상주 (15)	성주 (11)
67	0	4	2	6	2	3	2	6	6	6
	0%	50%	67%	75%	40%	75%	67%	35%	40%	55%
안동 (50)	영덕 (7)	영양 (5)	영주 (15)	영천 (10)	예천 (8)	울진 (3)	의성 (7)	청도 (2)	칠곡 (5)	대구 (9)
12	2	1	3	3	2	0	2	2	1	2
24%	29%	20%	20%	30%	25%	0%	29%	100	20%	22%

분포 양상을 보이는 가운데 안동지역이 불천위 인물의 전체 숫자에 비해 낮은 비율을 차지하고 있는 점이 주목된다.

【표 10】은 전국 불천위 인물의 대과급제 현황이다. 흥미롭게도 시호에서는 상대적으로 낮은 비율을 보였던 경북·대구의 경우 불천위 인물 전체 196명 가운데 130명이 대과급제를 한 것으로 나타났다. 일반적 경향으로 볼 때 불천위 인물의 대부분은 유학자 출신이다. 그런데 당시의 시대상황에서 유교적 가르침을 세상에 펴는 최선의 방법은 과거에 응시하는 것이었다. 물론 저술활동이나 후학양성 등을 통해서도 가능하지만, 과거를 통해 관리로 진출함으로써 보다 널리 영향력을 행사할 수 있었다. 아울러 이들에게 과거는 사대부의 신분을 유지하고 생계를 이어 가는 수단이 되기도 했다. 따라서 경북·대구 출신의 불천위 인물들이 차지하는 대과급제의 높은 비율 역시 이와 동일한 맥락에서 이해할 수 있을 듯하다. 즉, 경북 일대를 중심으로 분포하고 있는 영남학파의 경우 기호학파에 비해 정치적 부침을 크게 겪었던 탓에 중앙 관직으로의 진출이 순탄하지 않았는데, 이런 상황에서 과거시험을

【표 10】 전국 불천위 인물의 대과급제 현황

(2016년 7월 기준)

전체 (476)	서울 (47)	강원도 (5)	경기도 (109)	경상 남도 (25)	경북· 대구 (196)	전남· 광주 (8)	전북 (25)	충남· 대전 (48)	충북 (13)
284	10	4	72	12	130	5	18	23	10
	21%	80%	66%	48%	66%	63%	72%	48%	77%

【표 11】경북지역 불천위 인물의 문과급제 현황

(2016년 7월 기준)

전체 196	경산 (1)	경주 (8)	고령 (3)	구미 (8)	군위 (5)	김천 (4)	문경 (3)	봉화 (17)	상주 (15)	성주 (11)
114	0	4	2	4	1	2	3	13	11	5
	0%	50%	67%	50%	20%	50%	100	76%	73%	45%
안동 (50)	영덕 (7)	영양 (5)	영주 (15)	영천 (10)	예천 (8)	울진 (3)	의성 (7)	청도 (2)	칠곡 (5)	대구 (9)
27	3	2	13	4	7	1	6	2	4	0
54%	43%	40%	87%	40%	88%	33%	86%	100	80%	0%

통해 사대부로서의 안정적인 지위를 확보하고자 했던 것이다.

이와 관련해 서울지역의 대과급제 비율이 21%로 가장 낮은 비율을 차지하고 있는 점도 주목되는데, 이는 아마도 불천위 인물 가운데 왕족 계통에 속한 경우가 많은 탓에 초래된 결과가 아닐까 하고 생각한다. 즉, 왕의 종친이나 외척과 인척은 굳이 과거시험을 거치지 않더라도 사회적 지위를 획득할 수 있었기에 상대적으로 낮은 비율을 보이고 있는 것이다. 【표 11】과 【표 12】는 경북 도내 불천위 인물의 문과급제와 무과급제자 분포 현황이다. 홍미로운 점은 급제자의 비율이 불천위 인물의 숫자에 비례하고 있다는 사실이다. 즉, 불천위 인물이 많을수록 급제자가 다수 나타나는 것이다. 특히 경북지역 불천위 인물의 대부분이 유학자 출신인 까닭에 급제자의 비율이 상대적으로 높아진 것으로 추측된다.

【표 12】경북지역 불천위 인물의 무과급제 현황

(2016년 7월 기준)

전체 196	경산 (1)	경주 (8)	고령 (3)	구미 (8)	군위 (5)	김천 (4)	문경 (3)	봉화 (17)	상주 (15)	성주 (11)
16	0	2	1	1	1	2	0	0	0	0
	0%	25%	33%	13%	20%	50%	0%	0%	0%	0%
안동 (50)	영덕 (7)	영양 (5)	영주 (15)	영천 (10)	예천 (8)	울진 (3)	의성 (7)	청도 (2)	칠곡 (5)	대구 (9)
0	1	2	1	3	0	0	0	0	0	2
0%	14%	40%	7%	30%	0%	0%	0%	0%	0%	22%

5) 불천위 인물의 서원과 사우 제향

서원과 사우에 제향되어 후세 사람들에게 존숭의 대상이 된다는 것은 그들의 삶 자체가 추존을 받을 만할 뚜렷한 행적을 남겼음을 의미한다. 이런 이유로 시호 못지않게 서원과 사우에 제향되는 것도 불천위 추대를 위한 자격요건으로 인식되고 있다. 실제로 항간에서도 서원이나 사우 등에 제향된 인물을 중심으로 불천위 추대 공론을 형성하는 것이 일반적 경향이다.

【표 13】을 보듯이 지방에 비해 서울과 경기도의 불천위 인물이 서원과 사우에 제향되고 있는 비율이 현저하게 낮은 점이 주목된다. 이는 앞서 살펴본 불천위 인물의 공신 비율(【표 4】참조) 및 시호 비율(【표 8】참조)과 비교해 볼 때 상당히 유의미하게 해석된다. 즉, 서울과 경기

【표 13】전국 불천위 인물의 서원 및 사우 제향 현황

(2016년 7월 기준)

전체 (476)	서울 (47)	강원도 (5)	경기도 (109)	경상 남도 (25)	경북· 대구 (196)	전남· 광주 (8)	전북 (25)	충남· 대전 (48)	충북 (13)
286	5	2	31	23	140	7	17	36	7
	11%	40%	28%	92%	71%	88%	68%	75%	54%

【표 14】경북지역 불천위 인물의 서원 및 사우 제향 현황

(2016년 7월 기준)

전체 196	경산 (1)	경주 (8)	고령 (3)	구미 (8)	군위 (5)	김천 (4)	문경 (3)	봉화 (17)	상주 (15)	성주 (11)
140	1	5	3	7	3	4	3	11	12	9
	100	63%	100	88%	60%	100	100	65%	80%	82%

안동 (50)	영덕 (7)	영양 (5)	영주 (15)	영천 (10)	예천 (8)	울진 (3)	의성 (7)	청도 (2)	칠곡 (5)	대구 (9)
29	4	2	12	9	7	2	5	2	2	8
58%	57%	40%	80%	90%	88%	67%	71%	100	40%	89%

지역의 불천위 인물 가운데 왕족 계통(종친, 외척, 인척)의 출신이 대부분을 차지하다 보니, 일반 유학자들 중심으로 이루어지는 서원과 사우 제향의 비율이 상대적으로 낮게 나타나는 것이다. 이와 반대로【표 4】와【표 8】의 공신과 시호의 대상에서는 일반 유학자들보다 왕족 계통에 속한 인물들이 유리한 입장에 놓여 있는 까닭에 상대적으로 높은 점유율을 차지했던 것으로 생각한다.【표 14】는 경북 도내 불천위 인물

의 서원·사우 제향 분포 현황이다. 대체로 전체 불천위 인물의 절반 이상이 제향되는 것으로 나타나는데, 이는 유학자 중심의 불천위 추대 경향을 방증하는 것으로 해석할 수 있다.

6) 불천위 인물과 저술활동

문文을 숭상한 조선시대는 사회적 현달과 상관없이 유학자로서의 면모가 항상 요구되었다. 즉, 과거를 통해 관직에 오르더라도 관료이기 전에 학자로서의 신분과 자세를 갖추고 있어야했던 것이다. 아울러 이들이 수행하는 유학 탐구는 대소과, 곧 시험이라는 관문을 통과하기 위한 것만은 아니었다. 이들에게 공부는 수기치인을 위한 일종의 수양과 다름없었으며, 이를 위해 끊임없는 실천적 삶을 영위하였다.

【표 15】는 전국 불천위 인물의 저술활동 현황을 정리해 둔 것이다. 저술활동이란 문집이나 유고를 남긴 경우를 말한다. 흥미로운 점은 지방에 비해 이른바 수도권에 속하는 서울과 경기 지역 불천위 인물의 저술활동이 현저히 낮게 나타난다는 사실이다. 이는 앞서 언급했듯이 서울과 경기 지역 불천위 인물의 대다수가 왕족 계통인 까닭에 유학자 중심의 지방의 불천위 인물에 비해 저술활동이 미미했던 것으로 해석된다. 아울러【표 15】에서 나타나는 저술활동의 비율과【표 13】의 서원과 사우 제향의 비율이 거의 일치한다는 사실 또한 주목된다. 이것 역시 왕족과 유학자라는 이른바 불천위 인물의 출신 배경에 따른 결과라고 생각한다. 즉, 서원은 유학적 가르침을 전파하는 역할을 담

【표 15】 전국 불천위 인물의 저술활동 현황

(2016년 7월 기준)

전체 (476)	서울 (47)	강원도 (5)	경기도 (109)	경상 남도 (25)	경북· 대구 (196)	전남· 광주 (8)	전북 (25)	충남· 대전 (48)	충북 (13)
292	6	2	49	20	160	5	14	27	9
	13%	40%	45%	80%	82%	63%	56%	56%	69%

【표 16】 경북지역 불천위 인물의 저술활동 현황

(2016년 7월 기준)

전체 196	경산 (1)	경주 (8)	고령 (3)	구미 (8)	군위 (5)	김천 (4)	문경 (3)	봉화 (17)	상주 (15)	성주 (11)
160	1	4	2	8	1	2	3	15	14	8
	100	50%	67%	100	20%	50%	100	88%	93%	73%
안동 (50)	영덕 (7)	영양 (5)	영주 (15)	영천 (10)	예천 (8)	울진 (3)	의성 (7)	청도 (2)	칠곡 (5)	대구 (9)
43	6	4	11	9	7	2	7	2	4	7
86%	86%	80%	73%	90%	88%	67%	100	100	80%	78%

당했던 사립기관이기에, 이곳에 제향되는 인물 또한 유학자 출신이 대부분이다. 이런 배경에서 왕족 계통(종친, 외척, 인척)의 불천위 인물이 다수를 차지하는 서울과 경기 지역의 경우 서원과 사우에 제향되는 비율이 상대적으로 낮게 나타나고, 또 이런 경향이 저술활동의 저조한 비율로 이어지고 있는 것이다.

【표 16】은 경북 도내 불천위 인물의 저술활동 현황이다. 일부 지

역을 제외하고는 대체로 70~80%라는 높은 비율을 나타내고 있는데, 이는 앞서 언급했듯이 1935년에 실시한 전국의 유생 현황에서 전체 227,546명 중 경상북도가 33,458명으로 가장 많은 유생을 보유하고 있는 것[16]과 관련성이 인정된다. 이와 관련해 경북지역에는 불천위 추대를 위해 "능문能文은 필수조건이고, 능리能吏는 충분조건이다"라는 말이 전한다. 이는 곧 고관의 벼슬 등과 같은 사회적 현달보다도 학문적 업적을 높이 평가한다는 의미이다. 이런 경향은 조선시대 거듭되는 정치적 부침으로 인해 관직 진출보다는 향촌사회에서 성리학적 탐구에 몰두하는 삶을 보내야 했던 영남 유학자들의 은둔적 속성을 반영하는 것이라 할 수 있다.

3. 불천위 제례를 통한 가통 수립과 정체성 확보

불천위 제례는 현조顯祖에 대한 존숭심과 경외심을 표하는 현시적 기능(manifest functions) 및 훌륭한 조상의 존재를 대외적으로 알리는 잠재적 기능(latent functions)을 갖고 있다. 특히 불천위 제례의 참사자는 4대봉사의 당내를 넘어 초세대적 후손까지 포함하는가 하면 혼인과 학맥 등의 인연으로 타 문중까지 확장되는데, 이는 불천위 제례의 잠재적 기능을 더욱 촉발시키는 계기로 작용한다.

---

16) 善生永助,『朝鮮の聚落―後篇』(조선총독부, 1935), 663쪽.

그런데 불천위 제례의 잠재적 기능에는 현달한 조상의 존재를 대외적으로 알리는 것뿐만 아니라 궁극적으로는 자신들만의 독자적인 가통家統을 수립하고 이를 통해 가문의 정체성을 확보하고자 하는 목적도 포함되어 있다. 제례의 잠재적 기능을 극대화하는 데는 대략 두 가지 유형이 있다. 첫째는 제물의 다양화와 웅장함이고, 둘째는 제례 방식의 차별화이다. 즉, 제물의 웅장한 규모를 통해 조상과 가문의 위세를 드러내고, 제례문화의 차별화로 가문의 정체성을 수립하는 것이다.

고례에 비해 오늘날의 제물은 대체로 풍성하고 다양한 편이다. 사실 『가례』에는 19종류(장류 포함)의 제물이 명시되어 있으나, 지금은 약 30종류에 이른다. 대표적인 예로 과실을 들 수 있다. 『의례』와 『예기』에는 대추와 밤 이외의 과실은 나타나지 않고, 그 외 『가례』에는 6과果, 『사례편람』과 『가례집람』에는 4과果, 「제의초」에는 5과果 등과 같이 구체적인 명칭을 생략한 채 수량만 명시되어 있다. 또 『국조오례의』에서는 2품 이상 5과果, 6품 이상 2과果, 9품 이상 및 서인 1과果와 같이 품계에 따라 차등화되어 있다. 이에 반해 오늘날에는 대추·밤·감·배(조율시이)를 비롯해 사과가 기본적으로 차려지며, 그 외 비닐하우스 재배농법의 발달로 계절에 상관없이 수박·포도·딸기·참외 등이 추가되는 것이 보편적이다.[17] 또한 과실에는 약과·정과·유과 등과 같은 조과造菓도 포함되기 때문에 뒷줄(4열)까지 진설하는 경우도 있는

---

17) 김미영, 「조상제사를 둘러싼 이론과 실제」, 『지방사와 지방문화』 9-1(역사문화학회, 2006), 372~373쪽.

데, 이를 곡설曲設이라고 한다. 이는 제사상의 가장 앞줄을 장식하는 과실의 숫자를 다양하게 함으로써 제사상을 돋보이게 하기 위함인데, 이때 시각적 효과를 극대화하려고 과실을 높이 쌓아 올리기도 한다. 특히 수량과 종류가 제한되어 있는 탕[18]이나 나물[19]과 달리 과실의 경우에는 기본적인 '조율시이'를 중심으로 추가의 여지가 비교적 자유로운 까닭에 다양화의 주된 대상이 되고 있는 듯하다.

제물의 웅장함은 도적과 떡, 주로 고임제물을 통해 나타난다. 도적은 고례에는 나타나지 않는 것으로, 어적·육적·계적 등의 3적을 각각 진설함에도 불구하고 별도로 이를 통합시킨 일종의 과시용 제물이라 할 수 있다.[20] 도적에서는 어류·육류·닭의 순서로 적틀(炙臺)에 올리는데, 대략 30~40cm 정도의 높이로 쌓는다. 한편 고례에는 떡을 틀(�臺)에 쌓는 관행이 없었다. 하지만 오늘날에는 도적과 마찬가지로 30~40cm 전후로 떡을 괴는 경향이 일반적이다. 이와 관련해 다산 정약용은 "제례 때 완조梡俎 위에 떡을 4, 5척 높이로 괴는 것은 기이하기 짝이 없다. 내 생각으로 떡그릇(餠器)과 밥그릇(飯器)은 같은 크기로 만든 후 내용물이 그릇 위로 2촌寸 정도 올라오도록 담는 것이 좋을 듯하

---

18) 불천위 제례에서는 5탕과 3탕이 기본이다. 5탕에는 계탕·육탕·어탕·조개탕(蛤子湯)·蔬湯을 올리고, 3탕에는 계탕·육탕·어탕을 차린다.

19) 『주자가례』에는 숙채와 침채가 명시되어 있으나, 항간에서는 三菜라고 해서 고사리·시금치·도라지를 차리는 것이 보편적이다.

20) 도적은 영남 일대에서 주로 나타나는 제물로, 그 외 지역에서는 煎 고임을 사용한다.

다"[21]라며 떡을 높이 쌓는 당시의 습속을 비판하고 있다.

제물의 웅장함이 단순히 수량과 분량에서 우위를 차지하려는 것이라면, 제례 방식의 차별화는 독자적인 의례문화를 구축하여 이를 가문의 정체성으로 삼으려는 목적에서 행해진다. 차별화가 가장 빈번하게 이루어지는 부분은 제물이다. 그 이유는 제례 절차의 경우에는 비교적 명확한 지침이 명시되어 있는 반면, 제물은 구체적인 지침이 없기 때문이다. 실제로 『가례』에는 19종류의 제물이 제시되어 있지만, 내용(재료)에 대해서는 구체적인 설명이 없다. 예를 들어 과실의 경우 『가례』의 설찬도[22]에는 '과果'라고 해서 6개라는 수량만 그려져 있을 뿐, 종류에 대해서는 언급되어 있지 않다. 나머지 제물도 마찬가지이다. '육肉'·'어魚'·'병餠' 등으로만 기술하고 있을 뿐, 재료에 대한 정보는 제공하고 있지 않다.

이런 배경에서 가문별 독자적인 제물이 마련되는데, 그렇다고 해서 전혀 근거 없는 제물을 올려서는 곤란하다. 이때 등장하는 규범은 '가전지례家傳之禮', 곧 가문을 중심으로 형성·지속되어 온 예법이다. '가전지례'의 형성 배경은 조상의 취향이다. 예를 들어 안동의 학봉종가에서는 김성일이 임진왜란 당시 진주성에서 장염으로 고생할 때 생마(生薯)를 복용하고 병을 다스렸다고 해서 그의 불천위 제사에는 차린

---

21) 정약용, 『與猶堂全書』 22, 「祭禮考定」, '祭饌考', "今俗餅餌羹糕載之梡爼之上高至四五尺磊磈可怪. 大非禮也. 今擬餠器與飯器同制其實之高出敦口二寸."
22) 임민혁 옮김, 『주자가례』(예문서원, 1997), 448쪽.

다. 서애종가에서는 '중계'[23]라는 과자를 80여 개 괴어 올리는데, 서애 류성룡이 생전에 즐기던 음식이라고 한다. 그런가 하면 강정일당姜靜一堂은 기록과 구전에 바탕하여 시집 조상들이 생전에 즐기던 음식을 다음과 같이 별도로 정리해 두면서,[24] "평소 조상들이 좋아하시는 것을 보면 성심껏 비축해 두었다가 때맞추어 사용하는 것이 좋다. 그래서 내가 이를 기록하여 잊어버리지 않도록 한다"라고 덧붙이고 있다.

시고조부님은 소나무를 좋아하셔서 지팡이, 그릇 등을 모두 소나무로 만드셨다. 송순주松筍酒를 드시고 솔잎가루 옷을 입으셨는데, 소나무의 자태나 향기, 절조 등을 좋아하셨다. 그래서 사람들이 '송옹松翁'이라고 부르기도 했다. 제삿날은 겨울철이지만 시중조부님께서는 반드시 송편과 송주松酒를 소나무 잔과 쟁반에 담아 올렸는데, 시조부님 만년까지 계속되었다.(집안에서 전해 오는 이야기이다.)

시조부님께서 여행 중에 추석을 쇠게 되었는데 시아버지께서 드시고 싶은 음식을 여쭈어 보았다. 그러자 "별로 먹고 싶은 것은 없으나, 다만 이 계절에는 햅쌀로 술을 빚고 밥을 해서 살찐 쇠고기 회와 적을 먹으면 좋다"라고 하셨다. 시아버지께서 항상 말씀

---

23) 궁중음식인 '朴桂'와 유사한 유밀과의 일종이다.
24) 강정일당, 이영춘 옮김, 『靜一堂遺稿』, 「雜著」, '思嗜錄'(가람기획, 2002), 127~130쪽.

하시기를 "자손이 비록 가난하더라도 이 네 가지를 준비하는 것
은 그리 어렵지 않다. 진실로 성의가 있으면 힘을 다해 마련하는
것이 좋다"고 하셨다.(남편에게서 들은 말이다.)
시조모님 이씨께서는 육회를 좋아하셨기 때문에 돌아가신 시어
머니께서는 시조모님 제사 때가 되면 반드시 준비하셨다.

이처럼 조상들의 식습관에 따라 제물을 마련하다 보니 가문별 독
자적인 제물이 형성되고, 이를 통해 가문의 정체성을 수립해 나가는
것이다.[25] 한편 조상의 유지遺志(정신)를 받들기 위해 차별화를 꾀하는
경우도 있다. 퇴계종가에서는 평소 검약을 강조한 퇴계 이황의 뜻을
기려 과실을 괴지 않고 삼색나물도 한 그릇에 담아 차린다. 또 기름에
튀기는 유밀과는 사치스럽기 때문에 제사상에 올리지 말라는 선생의
유계를 받들어 지금까지도 유과나 정과 등 유밀과를 사용하지 않는다.

4. 불천위 제례, 결속과 화합의 장場

앞서 살펴본 불천위 인물들 중에는 공신에 책봉되거나 정2품 이
상의 관직에 올라 시호를 내려 받거나 서원과 사우에 제향되는 경우가

---

25) 김미영, 「조상제사를 둘러싼 이론과 실제」, 『지방사와 지방문화』 9-1(역사문화학
회, 2006), 348~349쪽.

불천위 제례에는 수십 명의 제관들이 참사한다. - 진성이씨 퇴계종가, 안동

불천위 제례 모습 - 의성김씨 학봉종가, 안동

있는가 하면, 대소과를 전혀 거치지 않고 평생을 벼슬길에 나아가지 않는 등 다양한 삶의 행적을 갖고 있다. 따라서 적어도 이 자료에 바탕할 때 불천위 인물들은 청렴을 바탕으로 청백리에 녹훈되고, 자기희생적 태도로 백성을 사랑하고, 효심이 지극하여 효행자로 칭송받는 등 그야말로 훌륭한 덕성에 의해 지역사회의 사표가 되는 경우가 대부분이라고 할 수 있다. 이로써 불천위 추대를 위해서는 공신이나 시호 등과 같은 사회적 현달뿐만 아니라 학행과 덕행 또한 기본 요건이 되었음이 확인된다. 이는 곧 '수신제가치국평천하'라는, 이른바 유교가 추구했던 이상적 삶을 구현하기 위한 필수 덕목이기도 했는데, 이로써 불천위 인물들은 가문의 후손은 물론이고 지역민들의 존숭을 받는 대상으로 거듭났던 것이다.

이처럼 가문의 귀감적 인물인 불천위 조상에 대한 제례는 후손들에게 자긍심에 바탕 한 혈통적 동질성을 재확인하고 결속력을 강화하는 주요 계기로 작용한다. 즉, 후손들은 일정한 시공간을 공유하면서 일정한 의식에 참여하는 과정을 통해 하나의 제사공동체를 구성하고, 제물 준비에서 제사 의식儀式에 이르기까지 모든 절차를 협력하여 준비함으로써 공감대를 형성해 나가는 것이다.[26] 그런가 하면 조상제례는 향사자에 따라 결속의 범주가 달라지기도 한다. 예를 들어 부모의 제사에서는 형제자매 간의 결속을 다지고, 조부모는 4촌 간, 증조부모

---

26) 이숙인, 「주자가례와 조선 중기의 제례문화」, 『정신문화연구』 29-2(한국학중앙연구원, 2006), 55쪽.

는 6촌 간, 고조부모는 8촌 간(堂內) 등으로 향사자의 세대가 높아질수록 후손들의 범위도 점점 확장되어 간다. 이와 마찬가지로 문중을 창시한 파시조를 위한 불천위 제례에는 문중 성원 전체가 참여·준비함으로써 혈통적·사회적 정체성을 확립하면서 동시에 제사공동체 및 혈연공동체로서의 결속을 다져 나간다.

『주자가례』는 가족집단 내에서 효제의 실천을 중시하는 까닭에 가족을 종법질서에 합당하게 규율하고자 가례(집안의 예)를 예학 체계의 첫머리에 배치했는데, 이로 인해 모든 사회적·정치적 실천은 가례의 종법질서로부터 큰 영향을 받아왔다.[27] 그런데 가례, 곧 관혼상제 중에서 관례·혼례·상례는 일회성 의례라는 특징을 지니는 반면, 조상제례는 해당 조상이 4대의 범주에 속해 있는 동안 매년 반복되는 주기적 속성을 갖고 있기 때문에 후손 간의 유대를 강화하고 지속시키는데 가장 적합한 대상이 되어 왔다. 특히 조상제례는 망자(조상)와 산 사람(후손)을 동일한 부계친족집단의 성원으로 연결해 주는 역할을 수행하는 까닭[28]에 유교가 추구했던 사회시스템인 종법을 구현하기 위한 최적의 수단이기도 했다. 그중에서도 불천위 제례는 4대봉사원칙에 상관없이 그야말로 자손만대 영구히 받들어지므로, 세대를 거듭할수록 직계와 방계의 후손들이 증가하여 결속집단의 범위 또한 점차 확대되

---

27) 최진덕, 「주자학적 예치의 이념과 그 현실」, 『유교의 예치이념과 조선』(청계, 2007), 242쪽.

28) 마르티나 도이힐러, 이훈상 옮김, 『한국사회의 유교적 변환』(아카넷, 2003), 187쪽.

어 가는 속성을 지니고 있다. 이것이야말로 종가(종손)를 중심으로 문중(지손)으로 이어지는 피라미드형 종법적 위계질서를 수립하면서 동시에 강한 응집력을 지닌 혈연공동체 및 제사공동체로 거듭나게 해 주는 불천위의 힘이라고 할 수 있다.

제2장

가족과 문중,
그리고 종가문화

이창기
(영남대학교 사회학과 명예교수)

종손宗孫은 종법에 의하여 특정 조상의 가계를 계승하고, 시조 또는 중시조 이하 누대 조상의 제사를 봉행하며, 종족 성원의 마음을 하나로 모아 조상이 남긴 문화적 유산을 보존하고 전승해야 할 책무를 지닌 적장자손을 말한다. 시조 또는 중시조로부터 대대로 종자宗子로만 이어져 오는 이 종손의 집을 종가宗家라 한다. 그러므로 종손과 종가는 종족 성원들로부터 특별히 존숭尊崇되고 종족결합의 구심이 된다.

종손과 종가는 특정 조상의 자손들로 구성되는 문중門中의 구심 역할을 하기 때문에 종가 또는 종손의 존재와 그 위상은 항상 문중조직을 전제로 할 때 보다 선명하게 부각될 수 있다.

이 자리에서는 문중의 구성원리와 우리 사회에서 문중이 형성되어 온 역사적 과정을 살펴보고 유교문화의 전통을 공유하고 있는 중국이나 일본과 비교하여 한국의 종가와 종손이 어떤 특징을 지니고 있는지 검토해 보고자 한다.

가족제도는 긴 시간의 흐름 위에서 통시적通時的으로 관찰하면 자원의 증감, 기후의 변화, 기술의 발달, 정치의 변혁, 새로운 사상의 도입 등 가족을 둘러싸고 있는 주변 환경의 변화에 따라 끊임없이 변화하고 있다. 한국의 가족제도도 오랜 역사적 과정을 거치면서 적지 않게 변화되어 왔다.

한국의 가족은 유교문화를 대표하는 한국, 중국, 일본 등 동양 3국 중에서 부계혈연의식이 가장 강하고, 부계혈연집단이 가장 잘 조직화되어 있는 것으로 알려져 있다. 그러나 한국의 가족제도에서 부계혈연의식이 강화되고 부계혈연집단이 조직화된 것은 역사적으로 그렇게 오래된 것은 아니다. 많은 학자들은 대체로 17C 중엽부터 18C 중엽에 이르는 시기에 한국의 가족제도가 크게 변모하였고, 이 변화 과정에서 부계혈연의식이 더욱 강화되고 부계혈연집단이 공고하게 조직화된 것으로 보고 있다.

그러나 한국의 문중조직과 종가문화는 최근 급격한 사회변화의 흐름 위에서 또다시 커다란 변화에 직면하고 있다. 산업화, 도시화가 진행되면서 종족마을(집성촌)이 해체의 위기에 직면해 있고, 종손이 종가를 지키면서 종가문화를 선도해 나가기가 점점 어려워지고 있다. 출산율의 급감은 장차 문중조직조차 사라지지 않을까 염려되는 상황이다. 이러한 시점에서 종가문화의 보존은 중요한 과제로 부각되고 있다.

1. 문중의 형성 기반

문중은 부계의 친족집단으로서, 동조의식同祖意識을 가지고 조직적인 활동을 전개하는 남계친족집단의 조직이라 할 수 있다. 이러한 문중이 조직화되고, 그 활동이 활성화되기 위해서는 크게 두 가지 요건이 충족되어야 한다. 첫째는 종족성원들이 '우리'라는 공동체의식 즉 종족의식宗族意識을 가지고 강하게 결합하여야 하며, 둘째는 그들이 조직을 구성하고 활동을 왕성하게 전개하기 위한 현실적인 조건들이 갖추어져야 한다.[1]

1) 종족의 혈통 의식

일정 범위의 부계친족성원들이 그 집단에 소속감을 느끼고, 그 집단을 자기 자신과 동일시하면서, 성원 상호 간에 일체감이 형성될 때 우리는 이것을 종족의식이라 부를 수 있다. 그러므로 종족의식은 종족집단의 성원들을 심리적으로 결속시키는 힘이며, 그들을 조직화하고 그들의 활동을 활성화시키는 정신적 바탕이 되는 것이다. 종족의식은 가계계승의식, 조상숭배의식, 동조의식, 배타적족결합의식으로 나누어 살펴볼 수 있다.

(1) 가계계승의식

종족집단은 분가한 개별가족들이 공고한 결합력을 가지고 계통적으로 조직화된 보다 규모가 큰 부계의 혈연집단이다. 그러므로 한국의 가족과 종족집단은 서로 분화되지 못한 채 가족의 구성원리가 종족집단에까지 확대되고 종족집단의 질서와 조직성은 개별가족을 규제한다. 이런 점에서 종족의식은 '가계의 계승과 유지 발전을 지상至上의 가치'로 인식하는 전통적 가족의식 즉 가계계승의식이 확대된 것이라 할 수 있으며, 이러한 가계계승의식은 과거로 소급하여 조상숭배의식을 낳고, 조상을 공동으로 하는 자들의 결속을 강조하며, 미래의 자손들의 번영을 도모하여 종족집단을 형성하는 정신적 기초가 되는 것이다.

---

1) 이창기, 「한국 동족집단의 구성원리」, 『농촌사회』 창간호(1991).

(2) 조상숭배의식

가계의 계승과 집의 영속은 세대의 연속에 의해서 유지되기 때문에 생존해 있는 종족성원들의 일상생활에서 세대의 권위가 강조될 뿐만 아니라, 사망 후에는 그 권위가 더욱 강화되어 단순히 가계를 계승하고 먼저 살다 간 '선조先祖'의 의미를 넘어서서 자손의 길흉화복을 주재하는 조상신으로서 숭배의 대상이 된다. 이러한 점에서 조상숭배의식은 효의 연장이며, 가계계승의식의 과거지향적 표현으로서 '나'와 '직계 조상'을 종적으로 연결시키며 조상과 나를 동일시하여 종족집단을 구성하는 중요한 모티브가 된다.

(3) 동조의식同祖意識

가계계승의식이나 조상숭배의식은 직계의 원리에 의해 나와 직계 조상의 단선적인 종적결합을 강화시키기 때문에 현존하는 수많은 방계친과의 횡적인 결합을 이루는 힘으로 작용할 수는 없다. 지리적으로 멀리 떨어져 있으며, 일상생활에서 상호 접촉이 거의 없는 수많은 방계친들을 횡적으로 강하게 결합시키기 위해서는 그들이 같은 조상에서 유래되었다는 동조의식同祖意識이 형성되지 않으면 안 된다. 그런데 동조의식은 같은 조상에서 유래되었다는 혈통의 공유 의식만을 의미하지는 않는다. 같은 조상에서 유래되었을 뿐만 아니라, 그 조상이 이룩한 높은 사회적 지위를 계승하였다고 하는 신분의 공유 의식과 조상의 명예와 유지를 함께 물려받았음을 자랑스럽게 생각하는 문화의 공유 의식까지를 포함한다. 그러므로 동조의식은 위세가 강한 조상을 공유하였을 때 더욱 강화될 수 있는 것이다.

(4) 배타적 혈족결합의식

같은 조상의 혈통을 물려받고 그들의 사회적 지위와 문화적 전통을 계승하였다는 감정적 유대 즉 동조의식은 신분적 우월감과 혈연적 배타성을 기본 속성으로 하는 배타적 족결합의식으로 표현된다. 다시 말하면 조상을 공동으로 하는 자들이 그들의 조상을 통해서 자기 종족집단이 다른 종족집단에 비해 신분적으로 우월하다는 사실을 확인하게 될 때 족결합이 강화되는 것이다.

동조의식과 신분적 우월감을 바탕으로 하는 족결합의식은 혈연적으로 철저한 배타성을 갖는 특징을 지닌다. 한국의 종족집단에서 비혈연자는 절대 성원권을 갖지 못하도록 철저하게 배제되며, 나아가서는 타성을 배척하고 그들의 신분적 지위가 자기 종족과 비슷하다고 느낄 때는 그들과의 경쟁의식이 강화되고 대립과 갈등이 심화된다.

이와 같이 배타적 족결합의식은 동조의식을 바탕으로 형성되지만 그 내면에는 신분적 우월감과 혈연적 배타성을 구체적인 내용으로 담고 있으며, 조상의 위세와 깊이 관련되어 있다.

2) 종족조직의 형성 조건

종족집단을 구성하는 정신적 힘이라 할 수 있는 종족의식이 형성되었다고 해서 곧 종족집단이 조직화되고 그들의 활동이 활성화되는 것은 아니다. 종족성원들이 구체적인 집단을 형성하고 조직적인 활동을 왕성하게 전개하기 위해서는 조상의 위세, 성원의 수와 밀도, 종족성원의 사회경제적 지위, 문중재산 등 현실적인 조건들이 갖추어져야 한다.

(1) 조상의 위세

종족집단은 조상의 혈통을 계승한 혈연집단일 뿐만 아니라 조상의 사회적 지위를 세습한 집단이라는 성격이 강하기 때문에 종족집단의 격은 일차적으로 조상의 위세에 의해 결정되고, 개인이나 개별 가족의 격은 종족집단의 격에 의해 크게 영향을 받는다. 조상의 위세는 크게 나누어 정치적 권력, 학문적 성취, 도덕적 품격에 의해서 평가된다. 그러므로 위세가 강하고 저명한 인물을 공동 조상으로 하는 후손들은 숭조의식과 동조의식이 매우 강할 뿐만 아니라 저명 조상의 사회적 지위를 계승하였다고 하는 신분적 우월감도 강하여 족결합을 더욱 강화시키게 된다.

(2) 종족성원의 규모

종족집단의 조직활동이 활발하게 이루어지기 위해서는 현존 종족성원들의 수와 거주의 집단성이 현실적으로 대단히 중요한 요건이 된다. 자손의 수가 많고 일정한 지역에 밀집해서 거주할 때 결속력도 강하고 조직적인 활동도 활발해진다.

특정 조상의 자손들이 수 개 마을 혹은 군 일원에 분포되어 있는 지역 단위의 종족집단에서는 성원의 수와 밀도가 보다 직접적인 요인으로 작용하고 있다. 정착시조가 위세 있는 저명 인물이라고 하더라도 그 자손의 수가 매우 적거나 너무 넓은 지역에 흩어져 거주하고 있는 경우에는 종족집단이 조직화되기가 어렵고, 조직화되더라도 활발한 활동을 전개하기가 힘들다.

(3) 종족성원의 사회경제적 지위

현존하는 종족성원들의 사회경제적 지위도 종족집단의 활동에 중요한 사회적 요건이 된다. 대개의 종족집단은 문중활동에 열성적인 일부 종족원들이 저명한 종족원들과 결합하여 조직을 결성하고 이들을 중심으로 활동해 나간다. 이들은 경제적으로 여유가 있고 사회적 지위를 확보하고 있기 때문에 종족활동의 재정적인 뒷받침이 되어 주기도 한다. 또 일반 종족성원들은 이들을 통해서 신분적 우월감을 대리 충족시킬 뿐만 아니라, 더 나아가서는 자신의 사회적 활동에 도움을 받거나 자신의 사회적 지위를 향상시킬 수 있는 기회로 활용하고자 한다.

(4) 문중재산

어느 집단이나 조직을 막론하고 왕성한 활동력을 가지기 위해서는 경제적인 기반이 튼튼하지 않으면 안 된다. 종족집단도 그들의 공동 관심이나 공동 목표를 달성하기 위해서는 많은 재정적 뒷받침이 필요하다. 조상제사의 봉행, 묘소·비석·재실의 건립과 유지관리, 족보와 문집의 간행 등 조상을 위한 사업에 많은 재정이 투입된다. 현존 종족성원들의 활동을 활성화하고 참여율을 높이기 위한 여러 가지 활동에도 많은 경비가 소요된다.

그래서 각 종족집단에서는 문중의 공유재산을 확보하기 위해 많은 노력을 기울여 왔으며, 실제 저명한 종족집단에서는 문중재산으로 막대한 토지를 소유하여 각종 활동에 충당하고 자신들의 사회적 위세를 과시하였던 것이다.

농지개혁 이후 토지의 형태로 보유하고 있던 많은 문중재산을 잃고 종족활동이 극히 침체된 종족집단의 경우나, 반대로 도시 근교의 한미한 문중이 소유하고 있던 약간의 문중 위토가 도시구획정리사업에 편입됨에 따라 그 보상금을 문중재산으로 활용하여 종족활동이 활발하게 이루어지게 된 사례 등은 문중재산이 종족결합이나 종족활동에 얼마나 직접적으로 영향을 미치는가 하는 것을 보여 준다.

2. 가족제도의 변화와 문중의 조직화

조선 중기 이전의 한국가족제도는 조선 후기와 일제강점기를 거치면서 해방 이후까지 이어져 온 소위 전통적 한국가족제도와는 매우 상이한 모습을 보여 주고 있다. 삼국시대는 물론이거니와 고려시대와 조선 전기에 이르는 시기의 한국가족제도는 부계혈연의식이 매우 약하고, 따라서 부계혈연집단이 조직화되지 못한 상태에 있었다. 이를 두고 어떤 학자는 부변父邊과 모변母邊의 구분이 뚜렷하지 않고 양쪽의 친족집단과 두루 긴밀한 관계를 유지하는 양변출계兩邊出系 혹은 양계 적兩系的 가족제도라 표현하기도 하였다. 한국가족제도가 철저한 부계 중심의 가부장적 구조를 이루고 문중이 조직화된 것은 대체로 17세기 중엽 이후인 것으로 보인다.

1) 조선 중기 이전의 가족제도－부계친족집단의 미조직화

(1) 근친혼과 서류부가壻留婦家의 혼인거주방식

고려시대의 혼인제도 중에서 가장 두드러진 특징은 씨족내혼(동성 혼 또는 동성동본혼)과 근친혼이 빈번하게 이루어졌으며, 이러한 혼인관 행이 사회적으로도 거부감 없이 수용되고 있었다는 점이다. 왕실뿐만 아니라 민간에서도 동성혼과 근친혼이 널리 행해지고 있었던 것이다. 고려시대에 동성 간이나 근친 간에 혼인이 많이 행해지고 있는 것은 신라의 혼인풍습을 계승한 것으로 보이지만, 부계혈연을 중심으로 하 는 씨족외혼의식이 형성되지 않았다는 것을 보여 주는 중요한 증거이 며, 이러한 혼인제도하에서는 부계친만의 결속이 강화될 수는 없는 것 이다.

혼인 후 부부가 어디에서 생활하는가 하는 거주율도 부계혈연집 단의 결속도를 가늠할 수 있는 중요한 지표가 될 수 있는데, 각종 역사 서나 조선 초기의 실록에 보이는 '고려의 옛 풍속에 혼인 의례는 남자 가 여자 집에 장가가서 자식을 낳고, 이들은 외가에서 장성한다' 라는 기록은 고려시대에 서류부가혼壻留婦家婚이 널리 행해지고 있었음을 전하는 것이다.

(2) 재산상속과 제사계승

고려시대의 재산상속에 대해서는 학자들 간에 약간의 이견이 있지만, 유산소송 건에 대한 판결이나 민간의 몇몇 사례를 보면 당시 재산을 여러 자녀들 사이에 평분하는 관행이 널리 행해지고 있었음을 알수 있다. 남자형제들뿐만 아니라 자매도 함께 상속을 받고 있었던 것이다. 고려의 이러한 상속관행은 조선 전기의 남녀균분 상속관행과 일치하고 있다.

고려시대의 제사상속의 원칙을 규정한 『고려사절요高麗史節要』에 의하면 제사계승의 순위를 적자 → 적손 → 동모제 → 서손 → 여손으로 규정하고 있다. 이는, 고려의 제사상속은 적장자계승을 원칙으로 하고 있지만 적자나 적손이 없을 때는 동모제同母弟가 계승할 수 있게 허용함으로써 적장자계승의 원칙에 철저하지 못하였고, 특히 여손의 계승을 허용하여 부계·남계의 원칙에도 융통성이 있었음을 보여 준다. 여손이 제사를 계승할 수 있게 됨에 따라 고려에서는 가계계승을 위한 양자가 존재할 필요가 없게 된다.

(3) 여손女孫의 음직상속

여손의 상속권은 비단 제사나 재산상속에서 뿐만 아니라 음직상속에서도 마찬가지로 나타나고 있다. 친아들(直子)은 물론이고 내외손, 사위, 조카와 생질, 수양자 등이 음직을 받을 수 있었다. 직계의 고조부, 5대조, 7대조로부터 음직을 받기도 하고, 외가의 외조부나 외고조부, 부의 외고조부로부터 음직을 받은 경우도 있었다. 이와 같이 여손이 비록 우선순위에서 다소 뒤진다고 하더라도 제사나 재산상속, 음직상속에서 제외되지 아니하고 수득할 수 있었다고 하는 것은 여손도 친손에 버금가는 위치를 확보하고 있었으며, 부계친만이 배타적으로 결합하는 사회가 결코 아니었음을 보여 주는 것이다.

이상에서 살펴본 바와 같이 고려시대의 가족제도는 부계를 기본으로 하고 있지만 부계의 혈연의식이 강하지 못하였고, 부계친족집단이 조직화되지도 않은 사회였다. 동성혼 내지 근친혼이 행해지고 있었고, 혼인 후 남자가 장기간 처가에서 생활하는 서류부가혼이 널리 행해지고 있었다. 여손이 제사를 계승할 수 있었기 때문에 봉제사와 가계계승을 위한 양자가 존재하지 않으며, 재산상속과 음직상속에서도 여손은 친손에 버금가는 지위를 지니고 있었다. 이러한 구조하에서는 부계친만의 혈연의식이 강하게 나타날 수도 없고, 부계친족집단이 조직화되어 그들만의 활동을 전개하는 것도 불가능했다. 고려시대의 가족제도가 지니고 있는 이러한 비부계적 특성은 후기로 내려올수록 점차 약화되기는 하지만 조선시대 전기까지도 기본적인 성격은 크게 변하지 않고 지속되었다.

2) 종법제도의 도입과 확산

종법제도宗法制度는 고대 중국에서 광대한 신점령지를 효과적으로 통치하기 위해서 왕실의 가족원을 제후로 임명하여 분할통치하게 하는 과정에서 성립된 분봉입종分封立宗의 규범체계인데, 남송南宋에 이르러 친족집단의 가계계승을 위한 규범으로 확대되었고, 고려 말 성리학의 도입과 함께 우리 사회에 전해지게 되었다.

종법제도의 중심 사상은 크게 세 가지로 요약할 수 있다.[2]

첫째는 부자계승父子繼承의 원칙이다. 형제간이나 숙질간의 계승을 금하는 것이다. 이는 종자의 동모형제同母兄弟 즉 적자들 사이의 관계를 유지하는 사상적 기초로서 같은 어머니의 소생이라 하더라도 귀천의 등급을 구분하여 종자와 중자 사이의 지배관계를 확립하기 위한 것이다.

둘째는 장자계승長子繼承 원칙이다. 이는 가족 내에서 재산과 권력이 분산되거나 타인에게 이전되는 것을 방지하고 이를 둘러싼 분란을 방지함으로써 가족지배를 공고히 하려는 목적과 부합한다.

셋째는 적자계승嫡子繼承의 원칙이다. 같은 아버지의 자식이라 하더라도 어머니의 신분에 따라 각기 귀천이 나누어지며 천한 자(庶子)는 귀한 자(嫡子)에게 복종하여야 한다는 것이다.

적장자계승의 원칙을 강조하는 이러한 종법질서는 종지宗支를 분

---

2) 서양걸, 윤재석 옮김, 『중국가족제도사』(아카넷, 2000).

명히 하고 위계서차를 엄격히 따지는 가족문화를 형성하게 된다.

그러나 종법사상은 고려 말에 도입되었지만 초기에는 소수의 지식인과 일부 지배층에서만 수용되고 있을 뿐 널리 확산되지 못하였으며, 제사계승에 대해서 많은 논란이 있었다.

제사의 적장자계승을 확립하는 데 있어서 문제가 되는 첫 번째 논점은 적장자에게 제사를 계승할 후사가 없을 때 차적자손이 계승할 수 있느냐(兄亡弟及) 하는 문제이다. 고려 말의 「사대부가제의士大夫家祭儀」나 1469년에 완간된 『경국대전』에서도 적장자가 무후하면 중자가 봉제사한다는 형망제급의 원칙을 수용하고 있고, 많은 가문에서 실제로 행하고 있었다.

그러나 형망제급은 적장자 유고 시 동생이 형을 대신하여 종자의 지위를 갖게 되어 장차 적장자의 위패는 가묘에서 퇴출되어야 하고, 종부 또한 그 지위를 박탈당하게 되어 의리명분과 정통주의에 입각한 종법제에서는 수용하기 어려운 것이다. 그럼에도 불구하고 형망제급에 대한 논의가 조선 초기는 물론 성종 대(1470~1494)를 지나 중종 대(1506~1544)에 이르기까지 계속되었다는 것은 입후立後에 의한 정통계승이라는 종법제도의 기본 취지가 아직 제대로 정착되지 못했음을 보여 주는 것이다.

형망제급의 수용 여부와 더불어 제사계승에서 또 하나 논란이 되고 있는 것은 첩자妾子의 제사계승에 관한 문제였다. 다처가 인정되고 첩에 대한 신분적 차별이 비교적 적었던 고려시대와는 달리, 조선시대에는 조선 초기 이후 일부일처제가 확립되고 적서의 차별이 뚜렷해지면서 첩자의 제사계승이 신분제와 결부되어 심각한 문제가 되었다. 적처에 아들이 없고 첩에게만 아들이 있을 경우에 혈통론이나 인정론을 앞세워 첩자가 승중봉사하게 되면 신분적으로 비천한 첩자를 종자로 받들어야 하기 때문에 귀천이 뒤바뀌게 되는 것이다. 처첩의 구별을 엄히 하려는 당시의 신분제하에서는 수용할 수 없는 일이다. 그럼에도 적처에 아들이 없고 첩에게만 아들이 있을 경우에 첩자에게 조상 제사와 재산을 계승하게 하는 사례가 빈번하여 세종 대에서부터 중종 대에 이르기까지 여러 차례 논란이 되었다.

형망제급이나 첩자승중의 문제를 해결하기 위해서는 양자제도의 도입이 필수적이다. 적처에 아들이 없을 경우에 동종지자同宗支子를 입후하여 승중자로 삼게 되면 형망제급이나 첩자승중의 문제도 해결하고 적통계승의 대의도 살릴 수 있는 것이다. 그러나 당시에는 아직 입양의 관행이 널리 확산되지 못하여 외손봉사도 적지 않게 행해지고 있었다.

이러한 여러 정황들은 당시 종법제에 대한 이해가 깊지 못하였고 널리 확산되지 않았음을 보여 준다. 그러나 사림파가 정치 일선에 나서고 성리학이 조선 사회에 깊이 뿌리내리는 조선 중기에 이르면 종법제도도 정착되기에 이른다.

3) 조선 중기 가족제도의 변화와 문중의 조직화

종법제도의 정착은 가족제도도 크게 변모시키게 된다. 종법제도

가 도입된 이후에 나타나는 가족제도의 주요한 변화를 요약하면 다음과 같다.[3]

(1) 제사계승의 변화 - 윤회봉사에서 장남봉사로

17C 중엽까지는 조상제사를 장남이 전담하기도 했지만, 여전히 양반 사대부가에서는 여러 자녀들이 조상제사의 부담을 나누어 맡는 윤회봉사를 봉제사의 원칙으로 삼아 널리 행하고 있었다.

그러나 윤회봉사는 17C 중엽부터 점차 장남봉사로 바뀌기 시작하여 18C 이후에는 완전히 장남봉사로 굳어지게 된다. 제사가 장남에게 고정됨으로써 봉사조재산도 장남에게 고정되고, 점차 봉사조재산과 상속재산의 구분이 모호해져 장남이 많은 재산을 상속받는 것으로 고착되었다.

윤행하던 제사가 이처럼 장남에게 고정되는 것은 종법의 적통주의가 강화된 결과로 볼 수 있으며, 조상숭배와 제사를 중시하는 의식이 강화되어 제사를 안정적으로 봉행하기 위한 목적도 중요한 요인으로 보인다.

(2) 재산상속의 변화 - 남녀균분상속에서 장남우대차등상속으로

17C 중엽 이전까지의 재산상속의 형태를 살펴보면, 조상제사를 위한 봉사조재산奉祀條財産은 별도로 설정해 놓았으며, 일반 상속재산

---

3) 최재석, 『한국가족제도사연구』(일지사, 1983).

은 남녀나 장남·차남의 구분 없이 재산을 모든 자녀들에게 똑같이 나누어 주는 균분상속에 매우 철저하였다. 이러한 균분상속의 관행은 고려시대와 조선시대 중기까지 이어져 왔으나 17C 중엽부터 점차 쇠퇴하기 시작하여 18C 중엽 이후에는 장남을 우대하고 여자를 제외시키는 차등상속의 형태로 완전히 바뀌게 된다.

이러한 재산상속의 변화는 조상숭배의식이 강화되고, 조상제사를 중시하며, 제사가 장남에게 고정되는 일련의 변화와 밀접히 관련되어 있으며, 부계·직계·장남의 원리에 입각한 가계계승원칙을 확립하는 핵심적 요소가 된다.

(3) 양자제도의 확대

앞에서 언급한 바와 같이 고려시대에는 양자가 거의 보이지 않는다. 부계의 가계계승의식이 형성되지 않았고, 아들이 없을 경우에도 여손(외손)이 제사를 담당할 수 있었기 때문에 양자의 필요성이 없었던 것이다. 조선시대에도 예조의 양자등록문서인 『계후등록繼後謄錄』이나 과거급제자의 명부인 『국조방목國朝榜目』의 기록을 보면, 1500년 이전에는 양자가 거의 보이지 않는다. 그러나 1500년 이후에 양자가 점차 증가하기 시작하여 1750년 이후에는 10% 이상으로 증가하였다. 후기로 올수록 양자가 급증하는 양상을 보이고 있는 것이다. 양자는 가계계승을 중요시하는 의식이 반영된 것이며, 형망제급兄亡弟及의 원칙을 부정하고 서얼의 가계계승을 차단하여 적통으로 가계를 계승시키기 위한 종법제도가 정착되었음을 보여 주는 것이다.

(4) 족보 발간의 성행

족보는 고려시대 후기에도 존재하였던 것으로 보이는데, 당시의 족보는 비교적 좁은 범위의 직계조상을 기록한 가첩家牒이나 가승家乘의 형태였다. 시조 이하 모든 자손을 망라하는 족보가 한국사회에 처음 등장한 것은 1423년에 간행된 문화류씨의 『영락보永樂譜』로 알려져 있다. 그러나 1400년대에 간행된 이러한 족보들은 대체로 도보圖譜였을 가능성이 높은 것으로 보고 있다. 체제를 제대로 갖춘 족보는 1562년에 간행된 『문화류씨가정보文化柳氏嘉靖譜』로, 가장 오래된 것이다. 16C부터 등장하기 시작한 이러한 족보는 점차 증가하기 시작하여 18C 이후에 발간이 급증한다.

그런데 초기에 발간된 족보에는 외손을 대대로 빠짐없이 수록하여 특정 조상의 모든 자손을 등재하고 있었으나, 17C 이후 외손의 수록 범위가 점차 축소되어 3대 혹은 2대만 수록하다가 조선 말기 이후에는 사위만 등재하고 그 자손들은 전혀 기록하지 않는다. 후기에 오면서 족보 발간이 급격하게 증가하고 족보에서 외손을 제외시키는 현상은 부계친족의 결속이 강화되고 있음을 나타내는 중요한 단서가 된다.

(5) 혼인제도의 변화 – 서류부가 기간의 단축

남자가 결혼하여 처가에서 장기간 체류하는 서류부가의 혼속은 고구려의 서옥제壻屋制에서부터 최근의 전통혼례에까지 그 맥이 이어지고 있는 한국 고유의 혼인 풍습이다. 고려시대는 물론 조선 초기에도 남자가 혼인하여 처가에 거주하는 서류부가의 기간이 매우 길게 나

타나고 있다. 수년에서부터 십수년, 경우에 따라서는 이십 년이 훨씬
넘는 긴 세월 동안 처가에 거주하면서 자녀를 출산하고 양육하기도 하
고, 끝내 친가로 돌아오지 않고 처가 지역에서 영구히 거주하는 경우
도 매우 흔하다. 이러한 서류부가혼은 딸들도 아들과 함께 재산을 상
속받는 상속제도와 밀접하게 관련되어 있지만, 서류부가의 기간이 이
처럼 길었다는 것은 처가와의 관계가 매우 긴밀했다는 것을 반영하는
것이며, 부계친족만의 강한 결속이 이루어지지 못하였음을 나타내는
증거이다.

그러나 여식이 재산상속에서 제외되기 시작하면서 서류부가의 기
간이 점차 짧아져 조선조 말이나 일제강점기에는 수개월 혹은 3년 정
도로 단축되고 있다.

(6) 종족촌락의 형성과 문중조직의 발달

서류부가의 기간이 길고, 남자가 혼인 후 처가 지역에 정착하는
경우가 많게 되면 가까운 부계혈족이 한 마을에서 집단적으로 거주하
는 종족촌락宗族村落(즉 集姓村)이 형성되기는 어려운 일이다.

그러나 여성이 재산상속에서 제외되고 서류부가의 기간이 단축되
면서 혼인한 아들들이 처가에서 장기간 생활하기 어려워지게 되자 마
을에서 분가하여 정착하게 된다. 이러한 과정에서 마을은 점차 특정한
성씨의 자손들만이 집단으로 거주하는 종족촌락으로 발전하게 된다.

이렇게 본다면 종족촌락은 마을에 따라 보다 이른 시기에 형성된
경우도 있겠지만 대체로 종법제도가 정착되고 여성이 상속에서 제외

되는 17C 이후에 형성되고 발전한 것으로 보아야 할 것이다.

　　종족촌락의 형성은 부계친족의 결속을 강화시키고 조직화하는 바탕이 된다. 부계의 적통으로 가계를 계승하는 종법제도가 정착되고 조상숭배의식이 강화되면서 누대에 걸친 조상의 묘소를 관리하고 이들을 성대하게 제사 지내기 위해서는 이를 주관하기 위한 항시적인 조직이 필요하다. 또한 특정 조상의 모든 자손들을 망라하는 대규모 족보를 주기적으로 간행하기 위해서도 조직은 필요하다. 유명한 조상의 비석을 건립하고 문집을 간행하여 가문의 신분적 지위를 대외에 과시하기 위한 각종 현창사업에도 많은 인력과 재정이 동원되어야 한다. 이러한 필요에서 부계혈연집단이 체계적으로 결합한 문중조직이 등장하게 되고, 이 문중조직은 종족촌락을 배경으로 하면서 종손과 종가를 중심으로 성장 발전하게 된다.

3. 종가문화의 사회적 의의와 전망

1) 종가문화의 사회적 의의

　　한국의 종손은 조상의 가계를 계승하고, 조상제사를 주재하며, 종택과 조상의 유물을 보존하는 기능적인 측면에서만 중시되는 것은 아니다. 종손과 종부의 삶은 문중을 구성하는 모든 종족성원들의 행위범절과 가치지향에 영향을 미치며, 더 나아가서는 종족의 경계를 넘어서 지역사회의 문화를 선도하고 유지 발전시키는 원동력으로 작용하고 있다는 점에서 사회적으로도 중요한 의의를 지닌다.

(1) 수신제가의 모델

종족을 구성하는 모든 구성원들은 가문을 대표하는 종손이 조상의 가르침에 어긋남이 없게 행동하기를 기대하고 있으며, 이에 부응하여 종손과 종부는 조상의 유훈과 가풍을 계승하여 실천에 옮겨야 하는 도덕적 의무를 안고 있다. 종족을 구성하는 각 가정에서도 종손과 종부를 통해 표출되는 가치의식과 행동양식을 자신의 역할 모델로 삼게 됨으로써 가문의 문화적 특성(家風, 門風)을 형성한다. 세간에서 특정 가문을 일컬어 절의가문, 도학가문, 효열가문 등으로 칭송하는 것은 이러한 가문의 문화적 특성에 대한 존경의 표현이다. 그래서 종가에서는 후대에 종손의 역할을 담당하게 될 차종손의 규범교육에 매우 철저하며, 종부가 될 며느리를 범절 있는 집안에서 맞아들이기 위해 노력한다. 종손과 종부에 대한 이러한 규범적 의무는 정신적 육체적으로 매우 큰 부담이 되기도 하지만, 한 가정(종가)을 넘어서서 문중 전체의 정신문화와 행동문화를 이끌어 가는 동력이 되며, 더 나아가서는 지역사회의 규범문화를 선도하는 역할을 하게 된다.

(2) 사회적 책무의 실천

종손과 종부는 가문을 대표하는 인물로서 종족 성원들로부터 특별히 우대되고 존숭(尊崇)되지만, 다른 한편으로는 수많은 지손들의 가정에 관심을 가지고 이들을 보살펴야 하며, 문중 전답을 경작하거나 각종 문소門所를 관리하는 이들에게도 넉넉한 마음으로 베풀어야 할 도덕적 책무가 있다. 여러 종가에서 '남을 후하게 대하라' 라는 선조의 유훈이 전해지고 있는 것은 종가의 사회적 책무를 강조한 것이다. 이러한 이웃에 대한 관심은 더욱 확대되어 지역사회와 국가에 대한 책임 의식으로 승화된다. 기근이 들거나 춘궁기에 곳간을 열어 구휼사업에 앞장서는 종가들이 셀 수 없이 많고, 나라가 위기에 처할 때 일신의 안위를 돌보지 않고 목숨을 바치는 인물들이 명문가에서 많이 배출되는 것은 종가문화가 한 가정이나 문중 내의 경조효친敬祖孝親의 실천에 머무르지 않고 사회적으로 승화되어 '가진 자의 도덕적 의무' (noblesse oblige)를 실천하는 사회적 책무에까지 확장되고 있음을 보여 주는 것이다.

(3) 전통문화의 보존과 유지

우리 사회에서 종가문화가 가지는 또 하나의 중요한 사회적 의의는 전통문화를 보존하고 유지 발전시키는 데 지대한 공헌을 하고 있다는 점이다. 오늘날 우리 사회에 전해지고 있는 문화재의 매우 많은 부분이 종가를 통해서 전승되고 보존되어 왔다는 점은 주지의 사실이다. 고가옥은 말할 것도 없고, 각종 고문서, 서책과 문집, 제의문화와 음식문화, 행위범절과 의례 등등 물질문화와 정신문화, 규범문화에 이르기까지 일일이 열거하기 힘들 정도이다.

이런 점에서 종가문화는 한국인에게 행위규범의 기준을 제공하고 사회적 책무를 다하는 실천 모델이 되고 있으며, 민족문화의 큰 버팀목이라 할 수 있다.

2) 종가문화 보존의 현실적 어려움

종가문화가 한 가정이나 가문의 문화적 특성으로 머물지 않고 민족문화의 근간을 이루는 사회적 의의가 매우 큼에도 불구하고 오늘날 종가문화를 보존하고 전승하는 데는 적지 않은 어려움이 있다.

앞에서 지적하였듯이 문중조직이 가계계승의식과 조상숭배의식 등을 바탕으로 하는 '우리의식' 즉 종족의식에 기반하고 있는데, 우리 사회의 많은 사람들이 도道와 의義를 중시하기보다는 개인주의와 편의주의에 안주하고 경제적 가치와 세속적 출세를 맹목적으로 추구함으로써 종속 성원들의 종족의식을 약화시키고, 이로 인해서 문중조직의 활동력이 크게 위축되고 있다.

전통적인 문중조직은 종족마을 즉 집성촌을 기반으로 강하게 결속되고 활발한 활동을 전개할 수 있었다. 그러나 1960년대 중반 이후 도시화가 급속하게 진전되면서 많은 종족 성원들이 마을을 떠나게 되어 문중의 조직기반이 크게 위축되고 있는 것도 종가문화의 유지 보존을 제약하는 중요한 요소가 되고 있다.

종가문화를 보존하고 유지하는 데 현실적으로 당면한 가장 심각한 문제는 무엇보다도 적지 않은 종손들이 교육과 취업 등 사회활동을 위해 종택을 비우지 않을 수 없다는 점일 것이다. 종손이 거주하지 않는 종택은, 물리적 보존에 심혈을 기울인다고 하더라도, 생활문화가 박제된 단순한 고건축물에 지나지 않을 것이다. 생활문화와 정신문화가 핵심을 이루는 종가문화의 가치를 반감시키게 되는 것이다. 종손이 직장생활에서 은퇴하고 다시 돌아와 종택을 수호하며 종손으로서의 역할을 충실히 수행하기에는 현실적으로 극복해야 할 난제들이 한두 가지가 아니다.

문중재산이 축소되고 남아 있는 재산의 경제적 가치가 하락하여 종택을 관리하고 조상제사를 모시며(봉제사) 수많은 손님을 접대하는 (접빈객) 등 종손의 역할을 수행하는 데 많은 재정적 부담이 따르는 것도 현실적으로 극복하기 쉽지 않은 당면한 문제이다.

미래사회에서 더욱 심각한 문제로 부각되는 것은 현재와 같이 출산율이 지속적으로 저하된다면 머지않은 장래에 친척이 사라지고 문중조직이 와해될 가능성이 매우 크다는 점이다. 한 자녀만 출산하는 경향이 수 대를 지속하면 4촌, 6촌, 8촌이 존재할 수 없게 되고, 큰집, 작은집, 처가, 외가, 고모, 이모가 모두 현실 세계에서 사라지게 되며, 문중조직 또한 존립기반을 상실하게 될 것이다. 저출산은 종가문화의 보존에도 커다란 장애요소가 될 수 있는 것이다.

3) 종가문화의 지속적 보존과 전승을 위하여

이러한 많은 문제들을 극복하고 민족문화의 근간을 이루고 있는 한국 고유의 종가문화를 영구히 보존 유지하기 위해서는 다각적인 노력과 관심이 절실하게 요구된다.

첫째는 종가문화에 대한 사회적 인식을 새롭게 하고 보다 많은 관심과 애정을 기울일 필요가 있다. 아직도 많은 사람들이 종가문화를 특정한 가정이나 특정 문중에 국한된 갇혀 있는 문화로 인식하는 경향이 있다. 그러나 종가문화는, 앞서 언급한 바와 같이, 가정과 가문의 경계를 넘어 한국인의 정신문화와 행동문화의 근간을 이루는 민족문화의 원형질이다. 이러한 종가문화의 사회적 의의를 많은 사람들이 깊이 인식하고, 값진 문화적 자산을 계승하고 보전해야 하는 책임이 우리 모두에게 부과되어 있음을 깊이 깨달을 필요가 있다.

둘째는 종가문화에 대한 사회적 관심과 애정을 새롭게 불러일으키기 위해서는 종가문화에 대한 심층적인 연구가 필요하다. 건축물이나 제사의례, 음식문화 등 눈에 보이는 요소들뿐만 아니라, 눈에 보이지는 않지만 그 속에 문화의 원형질로서 감추어져 있는 가치와 철학, 정신문화와 생활원리 등에 대한 보다 심층적인 연구가 필요하다. 지금까지 여러 학자들이 종가문화에 대해서 많은 조사와 연구를 진행해 왔고 또 적지 않은 논저가 발표되었지만, 아직까지는 대체로 눈에 보이는 현상들의 관찰기 또는 답사기의 범주를 크게 벗어나지 못하고 있다. 앞으로는 이러한 기존의 업적을 바탕으로 해서 종가문화의 내면까지 깊이 있게 조명하는 심층적인 연구가 이루어져야 할 것이다.

셋째는 종가문화에 대한 사회적 인식을 새롭게 하고 심층적인 조사연구를 촉진하기 위해서는 정부 당국과 언론계, 기업체, 교육계 및 문화시민단체 등 사회 각 분야의 지원과 성원이 더욱 확대되어야 할 필요가 있다. 최근에 전통문화 특히 유교문화에 대한 정부의 관심이 높아지면서 종가문화에 대한 재정적 지원이 크게 증가하고 있는 점은 매우 고무적이지만 유형문화재의 보존에 한정되는 듯해서 아쉬움이 없지 않다. TV를 중심으로 최근에 종가문화를 조명하는 다큐멘터리가 자주 방영되어서 시민들의 관심을 모으고 있기는 하지만 이 역시 명절에 집중되거나 눈에 보이는 것의 중계에 그치는 듯해서 아쉽기는 매한가지이다. 종가문화에 대한 기업체나 교육계 및 문화시민단체들의 관심은 매우 미흡한 수준이다.

　그런 점에서 경상북도가 종가문화의 중요성을 인식하고 종가포럼을 지속적으로 지원하고 있는 것은 매우 값진 정책적 선택으로 칭찬할 만하다.

　　○ 귀농귀촌에 대한 지자체의 지원이 적지 않은데 종손의 귀환에
　　　특별지원을 제공할 수는 없을까?
　　○ 종택이 중요한 문화재이기 때문에 원형을 훼손해서는 안 되겠
　　　지만, 현대인의 생활에 필요한 최소한의 편의시설은 갖출 수
　　　있도록 융통성을 발휘할 수는 없을까?
　　○ 〈일사일촌자매결연운동〉처럼 〈일사일문중(종가)후원운동〉
　　　은 있으면 안 되는 것일까?

　넷째는 종가와 문중 차원에서도 종가문화의 보존과 전승을 위한

배전의 노력과 준비가 필요하다. 종손과 그 가족들이 겪는 생활의 불편과 심리적 경제적 부담을 모르는 바 아니며 무한정 희생과 봉사를 요구할 수도 없는 일이지만, 사회적 관심과 성원에 부응해서 조상의 유업을 계승하고 민족문화 자산을 후세에 전하는 성스러운 과업에 긍지와 사명감을 가지고 임해 주십사 하는 부탁의 말씀을 감히 염치없이 드리고자 한다.

문중에서도 종가문화의 보존과 전승이라는 시대적 요구에 부합하도록 문중조직을 재편하는 노력도 필요하리라 생각한다. 종택의 관리, 묘소 및 재실의 관리, 손님 접대와 안내, 후세를 대상으로 하는 종가문화교육, 지역사회 각 기관을 대상으로 하는 섭외활동, 홍보물의 제작 등의 실질적인 업무를 담당하기 위한 기구를 만들어서 잘 운용한다면 종손의 부담을 경감시키면서 문중운영을 효율화하는 데에도 도움이 되지 않을까 한다. 최근 활성화되고 있는 자원봉사활동의 형태를 원용할 수도 있을 것이다. 이러한 특별 기구의 구축은 각 종가와 문중의 상황에 따라 매우 다양한 모습으로 나타날 수 있겠지만, 일부 문중에서 성공적으로 수행하고 있는 이와 유사한 활동들을 참고한다면 도움이 되지 않을까 한다.

이와 같이 종가와 문중과 우리 사회가 삼위일체가 되어 종가문화의 사회적 가치를 재인식하고 이를 보존하고 전승하기 위해 부단히 노력한다면, 해외의 다른 나라들도 한국의 종가문화가 가지는 문화적 가치를 새롭게 평가하게 될 것이다.

선진국에서는 오랜 산업화 과정의 결과로서 정신이 물질에 의해 위축되고, 인간이 기계에 의해 밀려나는 비인간화 현상이 심화되었다. 정신과 마음이 황폐해지고 문명이 몰락하는 위기 앞에서 '인간회복'을 갈구하며 '동양의 정신'에서 그 길을 찾고 있다.

개발도상국들은 후진국에서 선진국의 대열에 올라선 한국의 발전상을 경이로운 눈으로 바라보면서 그 발전의 동력을 우리들에게 내재되어 있는 정신적 에너지에서 찾으려고 무진 애를 쓰고 있다.

우리 모두가 합심해서 노력한다면 종가문화는 이들에게 인간다운 삶이 무엇인지, 인간답게 산다는 것이 어떤 것인지를 전해 줄 수 있는 매우 유용한 문화적 콘텐츠가 될 것이다.

제3장

명문가의
노블레스 오블리주

조용헌
(칼럼니스트 · 동양학자)

1. 명문가는 전통 고택을 보유한 집안이다

어떤 집안을 명문가로 볼 수 있는가. 명문가의 기준은 무엇인가. 보는 관점에 따라 매우 다양한 기준이 적용될 수 있겠지만, 필자는 그 기준을 전통 고택의 보유 여부에 두고자 한다. 전통 고택을 현재까지 보존하고 있으면 명문가라고 생각된다. 어떤 집안이 전통 고택을 현재까지 보유하고 있다는 것은 다음의 몇 가지 사실을 시사한다. 첫 번째는 재력이다. 재력이 없으면 수천 평의 대지에 평균 50~60칸에 달하는 기와집을 유지할 수 없다. 이 정도의 고택을 유지관리하기 위해서는 상당한 재력이 필요하다. 또한 이러한 건물을 소유하고 있다는 사실 자체가 부를 상징하기도 한다. 두 번째는 역사와 전통이다. 고택들은 1 백 년에서 5백 년까지의 역사를 지니고 있다. 문화재에 해당되는 건물들이기도 하다. 고색창연한 문화재급 건물을 지니고 있다는 것은 그 집안이 거기에 비례하는 전통문화를 지니고 있다는 말과도 통한다. 명문가의 기준 가운데 하나는 자기 나라의 전통문화에 대한 관심과 이해이다. 고택에서 생활하는 이들의 생활 자체가 전통문화를 계승하고 있는 셈이다. 세 번째는 긍지와 자존심이다. 생활이 불편함에도 불구하고 아파트로 옮기지 않고 전통 고택을 지킨다고 하는 것은 자존심 없이는 불가능하다. 그 자존심이란 자신들의 선조와 집안에 대한 긍지이기도 하다. 생활의 편리를 위해서 자존심과 역사를 버릴 수는 없다고 보기 때문에 아직까지 불편함을 감수하면서 생활하고 있는 것이다. 네 번째는 도덕성이다. 동학, 일제 36년, 6·25와 같은 역사적 전환기에 이러한 집들이 훼손되거나 불타지 않고 현재까지 유지되어 올 수 있었던 배경에는 도덕성이 깔려 있다. 주변 사람들의 존경을 받았던 것이다. 존경받지 못한 집들은 역사적 전환기에 불타거나 사라졌다. 현재까지 유지된다는 사실을 뒤집어 보면 그만큼 검증을 받았다는 말이기도 하다.

2. 최부잣집의 철학 – 조선 선비의 노블레스 오블리주

경주에 가면 최부잣집이 있다. 우리나라에서 유명한 부잣집이었다. 이 집은 9대 진사, 12대 만석꾼을 지낸 집안으로 유명하다. 부사가 3대를 가기 어렵다고 하는데 어떻게 해서 12대 동안이나 만석꾼을 유지할 수 있었을까. 최부잣집의 경륜과 철학이 있다면 그것은 무엇인가? 최부잣집에서는 대대로 가훈이 내려온다. 그것은 다음과 같은 몇 가지 원칙이다. 첫째, 과거를 보되 진사進士 이상은 하지 마라. 둘째, 재산은 만석 이상을 모으지 마라. 셋째, 과객過客을 후하게 대접하라. 넷째, 흉년기에는 남의 논밭을 매입하지 마라. 다섯째, 최씨 가문의 며느리들은 시집온 후 3년 동안 무명옷을 입어라. 여섯째, 사방 백 리 안에 굶어 죽는 사람이 없게 하라 등이다.

첫째, 진사 이상은 하지 말라는 원칙을 보자. 이는 한마디로 정쟁政爭에 휘말리지 않기 위해서이다. 조선시대에 진사라는 신분은 초시初試 합격자를 가리키는데, 진사라고 하는 것은 벼슬이라기보다는 양반 신분을 유지하기 위한 최소한도의 자격 요건에 해당한다. 쉽게 말하면 양반 신분증이라고나 할까. 만약 어떤 집안에서 3대에 걸쳐 초시 합격자를 배출하지 못하고 백두白頭로 지내면 한미한 집안으로 전락하기 때문에, 조선시대와 같은 신분사회에서 품위를 지키기 위해서는 최소한 진사 정도는 유지하고 있어야 할 필요가 있다. 그러나 최씨 집안은 진사를 넘어서는 벼슬은 문제가 있다고 보았다. 벼슬이 높아질수록 감옥이 가까워진다는 영국 속담처럼, 조선시대는 당쟁이 심한 사회였으므로 벼슬이 높아질수록 자의반 타의반으로 당쟁에 휩쓸리기 쉬웠다. 한번 당쟁에 걸려들어 역적으로 지목되면, 남자는 사약死藥을 받거나 아니면 유배형이고, 그 집의 여자들은 졸지에 남의 집 종 신세로 전락할 수밖에 없다. 소위 멸문지화滅門之禍를 당하는 것이다. 그러므로 최씨 집안에서는 진사 이상의 벼슬을 한다는 것은 멸문지화의 가능성에 접근하는 모험으로 여겼던 것 같다. 보통 사람들은 나중에 산수갑산을 가더라도 벼슬의 기회가 있다면 얼씨구 좋다 하면서 우선 당장 하고 보는 것이 대부분인데, 이 집안은 그러질 않았다. 벼슬의 종착역이 과연 어디까지인가를 끝까지 꿰뚫어 본 데서 나온 통찰력의 산물이 바로 '진사 이상 하지 마라' 이다.

둘째, 만석 이상을 모으지 마라. 만석은 쌀 1만 가마니에 해당하는 재산인데, 이 이상은 더 재산을 불리지 말라는 말이다. 돈이라는 것은 가속도가 붙는 성질을 지니고 있다. 처음 어느 궤도에 오르기까지가 어렵지 그 궤도를 넘어서는 재산을 모으면 그다음부터는 돈이 돈을 벌어들이는 상황에 돌입한다. 돈이라는 것은 기하급수적으로 늘어나는 성질을 가지고 있다. 그런데 최부잣집은 만석 이상 불가의 원칙에 따라 그 이상의 재산을 사회에 환원하였다. 환원 방식은 소작료를 낮추는 방법이었다. 당시의 소작료는 대체적으로 수확량의 7~8할 정도를 받는 것이 보통 관례였는데, 최부잣집은 남들같이 7~8할 정도를 소작인들에게 받으면 재산이 만석을 초과하는 문제가 발생하므로 그 소작료를 낮추어야만 했다. 예를 들면 5할 가량을 받거나 아니면 그 이하로도 받았다. 이 정도면 거의 공짜나 다름없는 수준이다. 그런데 이렇게 하니까 주변 소작인들이 앞을 다투어 최부잣집의 논이 늘어나기를 간절히 바라게 되었다. 최부잣집의 논이 늘어나면 늘어날수록 자기들은 혜택을 보게 되니까. 사촌이 논을 사면 배가 아프다는데, 이는 정반대이다. 상상해 보라. 저 집 재산이 늘어나야 오히려 나에게 좋고 이기는 상황을. 저 집이 죽어야 내 집이 사는 것이 아니라, 저 집이 살아야 내 집이 산다는 상생相生의 방정식을 생각해 보라. 이 어찌 아름다운 장면이자 통쾌한 풍경이 아니겠는가!

둘째와 같은 맥락의 가훈이 넷째 흉년에는 논을 사지 마라 이다. 조선시대의 경우 흉년이 들어서 아사 직전의 상황에 직면하던 때에는 쌀 한 말에 논 한 마지기를 헐값에 넘기기도 하였다. 우선 당장 먹어야 목숨을 부지할 수 있으니까 논 값을 제대로 따질 겨를이 있을 수 없다. 심지어는 '흰죽 논'도 있었다. 흰죽 한 끼를 얻어먹고 논을 내놓았다고 해서 흰죽 논이다. 쌀을 많이 가지고 있었던 부자는 바로 이러한 기아 상태의 흉년이야말로 없는 사람들의 논을 헐값으로 사들여서 재산을 늘릴 수 있는 절호의 기회였다. 네가 죽어야 내가 산다는 상극相剋의 방정식이다. 그러나 최부자는 이러한 상극의 방정식을 금했다. 이는 양반이 할 처신이 아니요, 가진 사람이 해서는 안 될 행동으로 보았던 것이다. 뿐만 아니라 흉년에 논을 사게 되면 나중에 원한이 맺히게 될 것이 뻔한 이치이다. 헐값에 논을 넘겨야만 했던 사람들의 가슴에 맺힌 원한을 어떻게 감당할 것인가. 두 수 앞만 내다보면 그 원한이 부메랑이 되어 되돌아올 것은 불문가지이다. 필자가 보기에 최씨 가문의 도덕성과 아울러 고준한 지혜가 결합된 산물이 바로 둘째와 넷째의 항목이다.

셋째가 과객을 후하게 대접하라 이다. 조선시대는 삼강오륜과 예禮를 강조하다보니 사회분위기가 자칫 경직될 수 있었다. 그 경직성을 부분적이나마 해소해 주는 융통적인 사회 시스템이 바로 과객을 대접하는 풍습이었지 않나 싶다. 과객은 길 가던 손님을 말한다. 요즘같이 여관이나 호텔이 많지 않았으므로 여행을 하던 나그네는 전혀 알지도 못하는 양반집이나 부잣집의 사랑채에 며칠씩 또는 몇 달씩 머물다 가는 일이 흔한 일이었다. 조선시대 양반 주택에서 안방은 오로지 여자들만의 공간이었지만, 바깥의 사랑채는 남자들만의 열린 공간이었다. 사랑채에는 주인 양반의 손님들이 머무르기도 하고, 지나가던 나그네가 갑자기 찾아와서 무료로 숙식을 해결할 수 있는 과객들의 전용 공간이기도 하였다. 이들 과객들의 성분은 다양하였다. 몰락한 잔반殘班으로서 이 고을 저 고을의 사랑채를 전전하며 무위도식하는 고급 룸펜이 있었는가 하면, 학덕이 높은 선비나 시를 잘 짓는 풍류객도 있었고, 무술에 뛰어난 협객도 있었다. 그런가 하면 풍수와 역학에 밝은 술객들도 있어서 주인집 아들의 사주와 관상을 보아 주기도 하고, 『정감록』을 가지고 세상의 변화를 예측하기도 하였을 것이다. 조선시대 안방에서 가장 인기 있는 책이 『토정비결』이었다고 한다면, 바깥의 사랑채에서 가장 인기 있는 책은 『정감록』이었다. 주인 양반은 온갖 종류의 과객들을 접촉하면서 새로운 정보를 수집하기도 하고, 다른 지역의 민심을 파악하기도 하였다. 교통이 발달하지 못해서 여행이 어려웠던 조선시대에 이들 과객 집단은 다른 지역의 정보를 전해 주는 메신저 역할을 하기도 하였으며 여론을 조성하기도 하였다. 최부잣집에서는 이들 과객들을 후하게 대접하였다.

어느 정도 후하게 대접하였는가를 보자. 최부잣집의 1년 소작 수입이 쌀 3천 석 정도였는데, 이 가운데 1천 석은 가용으로 쓰고, 1천 석은 과객을 접대하는 데 사용하였고, 나머지 1천 석은 주변 지역의 어려운 사람들을 도와주는 데 썼다고 한다. 1년에 1천 석을 과객을 접대하는 데 썼다고 하니 당시의 경제규모로 환산해 보면 엄청난 액수가 아닐 수 없다. 최부잣집에서는 과객을 접대하는 데 나름대로의 규칙이 있었다. 과객 중에서 상객上客이라고 여겨지는 사람은 매끼 식사할 때마다 '과메기'(마른 청어를 일컫는다) 1마리를 제공하고, 중객中客에게는 반 마리, 하객下客에게는 4분의 1마리를 제공하였다. '과메기'는 전라도나 충청도에는 없는 경상도 특유의 음식이다. 포항, 울산 지역에서 마른 청어를 가리키는 말이다. 현재는 마른 청어 대신에 마른 꽁치를 과메기라고 부르는데, 주로 날씨가 추운 겨울에 제맛이 난다. 처음에는 약간 비릿하면서도 씹고 난 후에는 꼬소롬한 맛으로 기억된다.

최부잣집에 과객이 많이 머무를 때는 그 숫자가 100명이 넘을 정도였다고 한다. 100명까지는 큰 사랑채와 작은 사랑채에 수용할 수 있지만, 숫자가 그 이상 넘어설 때는 최부잣집 주변에 살고 있던 초가집(노비들이 사는 집)으로 과객들을 분산 수용하였다고 한다. 부득이 주변의 노비 집으로 과객을 분산해야 할 때에는, 그 과객에게 반드시 식사를 해결할 수 있는 과메기 1마리와 쌀을 쥐어 보냈다. 쌀을 쥐어서 보내는 방법이 특이하였다. 최부잣집에는 과객 배급용으로 쌀이 가득한 네모난 뒤주를 여러 개 비치해 두고 있었는데, 그 뒤주의 구멍은 남자의 두 손만 겨우 들어갈 수 있는 특이한 형태였다. 과객이 그 뒤주에 양손을 넣어서 손에 잡히는 양만큼만 쌀을 퍼갈 수 있도록 하는 장치였던 것이다. 과객이 최부잣집에서 쌀과 과메기를 가지고 주변의 노비집으로 가면, 그 노비 집에서는 무조건 밥을 해 주고 잠자리를 제공하도록 룰이 정해져 있었다. 과객들을 접대하는 대가로서 최부잣집 주변에 사는 노비들은 소작료를 면제 받았다. 5~60리 멀리 떨어져 사는 노비들은 소작료를 제대로 내야 했지만, 인근의 노비들은 과객을 대접한다는 공로로 혜택을 받았던 것이다. 최부잣집 주변 노비들은 과객 접대가 주요한 임무 중의 하나였던 셈이다. 또 밤을 지내고 떠나는 나그네는 빈손으로 보내지 않았다. 과메기 한 손(2마리)과 하루분의 양식, 그리고 몇 푼의 노자를 쥐어 보냈다. 어떤 과객은 옷까지 새로 입혀서 보낼 정도였다고 한다. 최부잣집이 과객 대접에 후하다는 이야기는 시간이 지나면서 입소문을 타고 조선팔도로 퍼졌다. 강원도, 전라도는 물론 이북 지역에까지 최부잣집의 명성이 퍼졌다고 한다. 이는 결국 최부잣집의 덕망으로 연결되었다. 중국에 삼 천 식객을 거느렸다고 하는 맹상군이 있었다면, 조선에는 1년에 천 석의 쌀을 과객에게 대접하는 최부자가 있었던 셈이다. 과객들의 입소문을 통해 조선팔도로 전해진 최부잣집의 덕망은 세월이 흘러 일제 때 식산은행 두취頭取(총재)로 조선에 부임했던 일본인 '아리가'(有賀光豊)에게까지 전해져서 한 가지 사건을 일으키게 된다.

여섯째 사방 백 리 안에 굶어 죽는 사람이 없게 하라는 조항도 같은 맥락이다. 사방 백 리라고 하면 동으로는 경주 동해안 일대에서 서로는 영천까지이고, 남쪽으로는 울산이고 북으로는 포항까지의 영역이다. 주변이 굶어 죽고 있는 상황인데 나 혼자 만석이면 무슨 의미가 있느냐. 이는 부자양반의 도리가 아니라고 생각했던 것이다. 소작 수입 3천 석 가운데 1천 석을 주변의 빈민구제에 사용한 것도 이런 차원이다. 불교의 『유마경』에 유마거사가 병석에 누워 있으면서 했다는 유명한 말이 생각난다. "중생이 모두 아픈데 내가 어찌 안 아플 수 있겠느냐!"

다섯째가 최씨 가문의 며느리들은 시집온 후 3년 동안 무명옷을 입어라 이다. 조선시대 창고의 열쇠는 남자가 아니라 안방마님이 가지고 있었다. 재산관리의 상당 권한을 여자가 지니고 있었음을 뜻한다. 그런 만큼 실제 집안 살림을 담당하는 여자들의 절약정신이 중요하다. 보릿고개 때는 집안 식구들도 쌀밥을 먹지 못하게 했고, 숟가락도 은수저는 절대 사용하지 못하도록 하여 백동숟가락의 태극무늬 부분에만 은을 박아 썼다. 과객 대접에는 후했지만, 집안 내부 살림에서는 후

하지 않았던 것이다. 7대 조모는 삼베치마를 하도 오래 입어 이곳저곳
이 온통 누더기로 기워져 있었는데, 서 말의 물이 들어가는 '서말치솥'
에 빨래를 하기 위해서 이 치마를 하나만 집어넣으면 솥이 꽉 찰 정도
였다고 전해진다. 너무 많이 누덕누덕 기워 입어서 옷을 물에 집어넣
으면 옷이 불어나 서말치솥이라 할지라도 솥단지가 꽉 찼다는 말이다.
최부잣집 여자들의 절약정신을 상징적으로 드러내는 일화이다.

3. 최부잣집의 수신철학 – 육연六然

이상의 여섯 가지 원칙이 최부잣집의 제가齊家하는 철학에 해당된
다고 한다면, 이 외에도 육연六然이라고 하는 수신修身의 가훈도 있었
다. 육연六然이란 다음과 같다.

자처초연自處超然: 스스로 초연하게 지내고,

대인애연對人靄然: 남에게는 온화하게 대하며,

무사징연無事澄然: 일이 없을 때는 맑게 지내며,

유사감연有事敢然: 유사시에는 용감하게 대처하고,

득의담연得意淡然: 뜻을 얻었을 때는 담담하게 행동하며,

실의태연失意泰然: 실의에 빠졌을 때는 태연하게 행동하라.

최부잣집의 장손인 최염崔炎(69) 씨의 술회에 의하면, 어렸을 때부

터 매일 아침 조부님 방에 문안을 가면 붓글씨로 조부님이 보는 데서 이 육연六然을 반드시 써야만 했다고 한다. 어렸을 때부터 군자다운 행동을 하도록 철저히 교육받았던 것이다. 필자는 이 육연六然을 바라보면서 경주에 살았던 수운水雲 최제우崔濟愚 선생의 『동경대전東經大典』에 나오는 '불연기연不然其然'이 연상되었다. 같은 연然 자 돌림이기 때문이다. '아니다. 그러나 그렇다'로 해석되는 '불연기연不然其然'은 부정을 거친 대긍정을 통하여 사물이 지닌 모순성과 양면성을 수용하는 철학이다. 연然의 사전적 의미가 '그러하다', '그렇다고 여기다'의 뜻인 만큼 이 글자는 전체적으로 관용, 긍정, 초연의 의미를 담고 있다. 육연六然도 그렇고 불연기연不然其然도 그렇다. 양쪽이 유사하다.

최염 씨에게 물어보니 수운 최제우 선생도 최부잣집과 같은 경주 최씨라고 한다. 부산 동의대학 최해진崔海晉 교수는 「최부자 경영 사상의 현대적 조명」(1999)이란 논문에서도 이를 주장한다. 최제우의 아버지 최옥(1762~1840)은 최부자 국선國璿의 조부인 최진립崔震立의 6대손이므로 최국선崔國璿의 현손玄孫인 언경彦璥과는 12촌이었으며, 『근암집近庵集』이라는 문집을 내었으나 벼슬에 낙방한 처사였다는 점을 감안하면 일찍부터 최부자와 통교가 있었을 가능성이 높다는 것이다. 다만 최제우가 역적으로 몰려 처형을 당한 후에 상당 기간 동안 통교를 할 수 없었다는 점은 후손에 의해 밝혀지고 있다.

이상을 놓고 보면 육연六然과 불연기연不然其然은 최씨 집안의 연철학然哲學에서 유래한 것인가!

9대 진사와 12대 만석꾼은 그냥 나온 것이 아니다. 거기에는 철학이 있었던 것이다. 최부잣집의 가훈을 음미하면서 나는 로마 천년의 철학이 생각난다. 시오노 나나미의 『로마인 이야기』에 의할 것 같으면 로마 천년을 지탱하도록 한 철학은 바로 '노블레스 오블리주' 였다는 것이다. 노블레스 오블리주를 번역하면 '혜택 받은 자들의 책임' 또는 '특권계층의 솔선수범' 이다. 로마의 귀족들은 전쟁이 일어나면 자기들이 먼저 솔선수범하여 전쟁터의 최전선에 나가 싸우면서 피를 흘리는가 하면 공중을 위해 자기의 금쪽같은 재산을 사회에 환원하고는 하였다. 귀족은 사회에 책임을 져야 한다는 생각이 강했다. 책임지는 것이 귀족이고, 노예나 평민은 그 책임이 없거나 약했다. 여기서 로마를 이끌어 가는 리더십이 나왔다. 시오노가 『로마인 이야기』 전체를 통하여 몇 번이고 반복하여 강조하는 대목은 바로 노블레스 오블리주이다. 이것은 가진 자가 못 가진 자에게 베풀어야 한다는 도덕적 의무만을 뜻하는 것은 아니다. 노블레스 오블리주는 그것을 행하는 사람 자신을 위한 것이며, 그들의 삶의 질을 더 높이고 삶의 의미를 찾기 위한 것이라는 것이 시오노의 주장이다. 그렇다. 도덕적 의무를 통해 자신들의 삶의 질을 높였다는 대목이 중요하다. 최부잣집의 원칙들이 내포하고 있는 의미는 도덕적 실천에서 끝나는 것이 아니라, 그것을 통해 자신들이 이 세상에 태어난 의미와 보람을 증가시키는 방법이었던 것이다. 삶의 질은 의미와 보람에 달려 있는 것 아닌가. 재산은 만석 이상을 모으지 마라, 과객을 후하게 대접하라, 사방 백 리 안에 굶어 죽는 사람이 없게 하라는 가르침의 실천을 통해 최씨들은 주변도 살고 자신들도 행복하였다. 한국 사람들은 이를 '적선지가積善之家 필유여경必有餘慶' (좋은 일을 많이 한 집에 반드시 경사가 있다)이라 하였다. 이는 요즘의 민법이나 형법보다도 훨씬 강력한 윤리적 기제였으며, 동시에 사회를 건강하고 아름답게 이끄는 철학이었다. 조선의 '적선지가 필유여경' 정신은 노블레스 오블리주와 일맥상통한다. 최부잣집의 원칙들은 한국적인 노블레스 오블리주이다.

육연六然만 해도 그렇다. 프랑스 사람들의 미덕은 '톨레랑스'(tolerance)이다. '관용' 또는 '용인'으로 번역되는 톨레랑스는 프랑스 정신이라고 할 만큼 프랑스인들에게 체질화되어 있다고 한다. 톨레랑스는 남의 생각과 행동이 나와 다를 수 있음을 인정하는 태도이다. 19세기까지 프랑스 파리가 세계의 수도로 역할 할 수 있었던 배경에는 온갖 다양성을 넉넉하게 수용할 줄 아는 톨레랑스의 뒷받침이 있었기 때문이다. 프랑스 사회가 언뜻 볼 때는 혼란스럽게 보이지만 난잡하게 흐르지 않고 세련된 문화를 가꾸어 나갈 수 있었던 원동력은 톨레랑스라는 것이다. 나는 홍세화로부터 톨레랑스를 배웠는데, 최부잣집의 액자에 걸려 있는 육연六然을 보면서 조선 선비의 톨레랑스를 느꼈다. 이를 종합하면 최부잣집의 수신修身은 톨레랑스, 제가齊家는 노블레스 오블리주였다는 결론이 나온다. 이 둘을 합하여 이름을 붙여 본다면 '최부잣집 정신'이 되겠다. 재물과 벼슬에 대한 끝없는 욕망에 사로잡혀 사는 것이 인간의 삶인데, 보통 인간이 이 욕망을 제어하고 절제하면서 산다는 것은 삶의 본질에 대한 깊은 통찰력이 없으면 거의 불가능하다. 그 통찰력에서 지혜가 나오고 이 지혜를 후손들에게 전승하기 위한 제도적 장치가 종교의 계율로 나타나는데, 그 계율 가운데 하나가 바로 최부잣집 정신이기도 하다.

"만석 이상의 재산은 사회에 환원한다. 흉년에 논을 사지 않는다. 과객 대접을 후하게 해야 한다. 벼슬은 진사 이상 하지 마라. 주변 백리 안에 굶어 죽은 사람이 없게 한다"는 정신을 지녔던 최부잣집. 이게 바로 조선의 선비정신이다. 서양식으로 말하면 노블레스 오블리주이기도 하다. 최부잣집의 선비정신이 있었기에 12대 만석꾼이 가능했다고 여겨진다. 졸부만 있고 진정한 부자가 없다고 하는 오늘의 한국 사회가 본받아야 할 집안이 아닌가 싶다.

그러면 최부잣집의 경우처럼 노블레스 오블리주를 실천한 몇몇 집안의 이야기를 들어 보겠다.

전남 여수 봉강동에 가면 언덕 위에 커다란 한옥 저택이 자리 잡고 있다. 집의 당호는 봉소당鳳巢堂이다. 몇 년 전에 영화 '가문의 영광'에 등장했던 집이기도 하다. 영광김씨靈光金氏인 이 집의 사연도 기가 막히다. 이 집은 구한말에 장사를 해서 큰돈을 벌었다. 현 종손의 증조부인 김한영金漢永 대이다. 1만 2천 석을 했다. 김한영은 장사로 돈을 벌었지만, 가난한 과객 대접에 후했다고 전해진다. 김한영은 과객이 오면 반드시 주특기를 물어보았다. 덕석을 짜는 것이 주특기인 과객에게는 덕석을 짜게 하였다. 이걸 시장에 내다 팔게 해서 돈이 모이면 그 사람이 경제적으로 자립을 하게 도와주곤 하였다. 이 집은 평소 소작인들에게도 후하게 대했다. 자식들이 8~9명 되는 소작인들은 자식들 먹이느라고 소작료를 제대로 내지 못하는 일이 있었다. 그 처지가 딱하다고 해서 그냥 눈감아 주면 다른 소작인들이 '왜 그 집만 봐주느냐'고 항의를 할 것이기 때문에 다른 방법을 강구했다. 자식이 많은 소작인들에게는 수백 가마의 쌀을 배에다 싣고 내리는 하역작업을 대신 맡겼다. 화양면 고진古津이라는 곳에서 여수항까지 배에다 쌀을 싣고 운반하는 일이었다. 이 대가로 소작료를 면제해 주면 다른 소작인들이 보기에도 공평하게 여겨졌던 것이다. 평소에 쌓아 둔 이러한 적선이 난리가 났을 때에 그 효력을 발휘하였다. 여순반란사건이 났을 때에 여수에서 가장 부잣집인 봉소당의 주인이 제일 먼저 좌익들에게 잡혀갔다. 공교롭게도 당시 좌익의 지도부 인물 가운데 하나가 평소 이 집의 혜택을 보았던 바로 그 소작인의 아들이었다. 좌익을 하긴 하였지만, 평소에 많은 신세를 졌던 '봉소당'의 주인을 죽일 수는 없었다. 결국 봉소당 주인이 몰래 탈출할 수 있도록 눈감아 줌으로써 그 보답을 하였다. 그 전말을 정리하면 이렇다.

1948년 여순반란사건이 터졌을 당시에, 여수의 대지주였던 여수 봉소당의 11대 후손인 김성환(1915~1975)은 당시 33세의 젊은 나이였다. 김성환이 반란군에게 끌려갔던 장소는 여천군청 2층이었다고 한다. 여기에는 소작인 아들로서 반란군의 책임자급으로 있었던 인물이 책상과 의자를 놓고 앉아 있었다. 김성환이 끌려오니까 이 책임자는 옆에 있던 2명의 호위병들에게 "너희는 밖에 나가 있어라!" 하고 명령을 내렸다고 한다. 김성환을 의자에 앉게

한 다음, 이 책임자는 아무 말도 하지 않고 자신의 의자를 벽 쪽으로 돌려놓고 신문만 들여다보았다. 이런 침묵 상태로 10분이 지나고 20분이 지났다. '끌고 왔으면 심문을 해야지 왜 아무 말도 하지 않고 벽을 향해서 신문만 보고 있을까?' 이런 의문을 품고 있던 김성환은 30분쯤이 지날 무렵 그 이유를 알았다. '아! 나 보고 도망가라는 뜻이구나!' 김성환은 군청의 창문을 살며시 연 다음에 홈통을 타고 1층으로 내려와 야산으로 도망하였다. 이 소작인의 아들은 자신의 직책이 반란군의 책임자급이었으므로 대놓고 '너 도망가라'고 이야기할 수 없는 입장이었고, 그렇다고 자기 조부 때부터 은혜를 입은 봉소당 아들을 죽일 수도 없었던 것이다. 여순사건 당시 12대 후손인 김재호(1942~)는 초등학교 1학년이었다. 봉소당 머슴의 아들이 하나 있었는데 나이는 17세였다. 반란군에 가담하여 팔에는 완장을 차고 있었다. 완장을 찬 머슴아들이 봉소당 대문을 열고 들어오니까, 6살 먹은 어린 김재호는 무심코 손에 들고 있던 삶은 밤을 "형! 이 밤 좀 먹어 봐" 하면서 건넸다. 이 밤을 받아든 머슴 아들은 한참 동안 주인집 아들인 재호를 뚫어지게 쳐다보았다고 한다. 김재호는 '지나고 보니까 그때 내가 무심코 내밀었던 삶은 밤 한 주먹이 내 목숨을 살렸다' 고 회고한다. 논리論理 위에 정리情理가 있다. 이렇게 해서 이 집은 '여순반란사건'에서도 사람이 죽거나 집이 불타지 않고 유지될 수 있었던 것이다. 이 집은 현재에도 여전히 여수의 부자이다.

지리산 노고단을 배산背山으로 삼고, 섬진강을 임수臨水로 삼고, 그 가운데에 넓은 들판을 문전옥답으로 삼은 수십 칸 규모의 저택이 있다. 바로 류씨 집안인 운조루雲鳥樓이다. 전망도 좋고, 풍수상으로 대명당에 해당하는 터이지만, 이 지리산 아랫동네는 동학과 빨치산, 6·25의 중심 현장이었다. 그럼에도 불구하고 지주집인 이 운조루가 불타지 않고 아직까지 남아 있다는 것은 알고 보면 대단한 사실이다. 왜 부잣집인 운조루는 빨치산과 6·25에서도 살아남았는가? 이 집의 사랑채 옆에는 나무통으로 만든 뒤주가 하나 있다. 2가마 반이 들어가는 원통형 뒤주이다. 이 뒤주 아랫부분에는 조그맣게 네모진 나무에 '타인능해他人能解'라고 글씨가 적혀 있다. '다른 사람도 능히 열 수 있다'는 뜻이다. 이 부잣집의 뒤주에 들어 있는 쌀은 지나가던 과객이나, 아니면 동네의 가난한 사람들이 아무나 와서 마개를 열고 1~2되씩 퍼갈 수 있도록 배려했던 것이다. 운조루에서 배려했던 쌀의 양은 1달에 2가마 반이었다. 만약 월말에 뒤주의 쌀이 남아 있으면 시아버지가 며느리를 책망했다고 전해진다. "우리 집안이 덕을 베풀어야 하는데, 이렇게 쌀이 남아 있으면 덕을 못 베풀었다는 증거 아니냐!" 평소에 어려운 이웃들이 이 쌀을 퍼갔다. 6·25 때 빨치산들이 수없이 이 지역을 들락거렸지만, 이 집은 피해가 없었다. 다른 동네 출신들이 멋모르고 운조루를 불태우려고 하면, 이 동네 머슴 출신의 좌익들이 이를 말렸다고 한다. "다른 집은 다 태워도 저 집은 태우면 안 된다!" '적선지가 필유여경'이라는 말은 그냥 나온 말이 아니다. 적어도 100년은 지나가 보아야 그 이치를 깨닫는 것 같다. 그 이전에는 알 수 없다.

충남 논산의 노성리에 가면 명재明齋 윤증尹拯(1629~1714) 고택이 있다. 함양 개평에 있는 일두 정여창 고택과 더불어 가장 보존이 잘 되어 있는 고택이 명재고택이다. 이 집안은 보통 노성윤씨魯城尹氏라고 불린다. 충청도에서 1급 양반으로 꼽히던 집안이 회덕의 송씨(우암 송시열 집안), 광산김씨(사계 김장생 집안), 그리고 노성의 윤씨 집안이다. 명재 윤증은 벼슬을 거부한 처사處士로 유명하다. '정승 3명이 대제학 1명만 못하고, 대제학 3명이 처사 1명만 못하다'는 말이 있다. 처사는 벼슬을 하라고 해도 하지 않고 초야에 묻혀서 공부하는 선비를 가리킨다. 윤증은 임금이 40번 넘게 벼슬하라고 불렀어도 끝내 벼슬을 거부한 학자이다. 마지막에는 임금이 윤증의 얼굴도 보지 못한 상태에서 우의정을 준다고 했지만 이것도 거부했다. '탕평인사'라는 명분에 맞지 않는 벼슬은 절대로 받지 않았던 것이다. '대제학 3명이 처사 1명만 못하다'는 경우는 바로 일생동안 처사였던 명재 윤증을 가리킨다. 조선시대를 통틀어 처사는 2명 있다고 한다. 윤증과 지리산 밑에 살았던 남명 조식이다. 윤증이 지닌 카리스마는 대단하였다. 그만큼 주변으로부터 존경을 받았다. 소론少論의 당수로서 추호도 흔들림이 없었다.
윤증은 자기가 죽은 뒤에 받을 제사상의 크기도 미리 정해 놓았다. 제사상의 크기를 가로세로 석 자(90cm)를 넘지 말게 하라는 당부였다. 음식을 간소하게 차리라는 당부였던 것이다. 지금도 명재고택에 가 보면 석 자 안 되는 제사상이 남아 있다. 음식을 몇 가지 올리면 상이 다 차 버린다. 당시에 명재집안의 윤씨들이 뽕나무 사업이 잘된다고 하니까, 너도 나도 뽕나무를 심었다고 한다. 이를 안 윤증은 "우리 집안은 뽕나무를 키우면 안 된다. 이는 가난한 서민들이 먹고 살기 위해서 심는 나무인데, 우리 같은 양반 집안마저 뽕나무를 키우면 다른 사람들은 어찌 되겠냐. 절대로 뽕나무를 심으면 안 된다"라고 엄명을 내렸다. 윤씨들은 이를 그대로 지켰다. 현재 남아 있는 명재고택도 사랑채에 담장이 없다. 대문도 없다. 외부인이 곧바로 사랑채에 접근하거나 쳐다볼 수 있는 구조이다. 집안에 담벼락이 없다는 것은 무엇을 의미하는가? '우리 집안은 거리낄 것이 없다'는 표시이다. 이 집안의 이러한 가풍이 있었기 때문에 6·25때에도 이 저택은 불에 타거나 손상당하지 않았다. 충청도 양반을 대표하는 집안이다.

우리나라는 조선조가 망하면서 양반도 몰락하였다. 양반들도 약자를 착취하는 토색질을 많이 하였다. 하지만 양반의 나쁜 점만 사라진 것이 아니라 좋은 점도 같이 사라졌다. 양반의 자존심과 주변을 배려하는 노블레스 오블리주도 같이 사라진 것이다. 해방 후에 남은 것은 '상놈정신'이다. 상놈정신의 좋은 점은 체면을 따지지 않고, 근면 성실하고, '너와 내가 동등하다'는 평등의식이다. 상놈정신의 나쁜 점

은 졸부근성이다. '남이야 죽건 말건, 내 배만 부르면 장땡이다'는 의
식이 바로 그것이다. 이 부정적 의미의 상놈의식을 어떻게 바꾸어 나
갈 것인가?

4. 명문가의 전통문화 - 안채와 사랑채의 분리

한국의 명문가들의 주택구조에서 주목되는 부분은 안채와 사랑채
의 분리이다. 이들 고택들은 대부분 여자들이 거주하는 안채와 남자들
이 거주하는 사랑채가 별도로 분리되어 있다. 안채와 사랑채는 담장으
로 구분되어 있고, 그 사이를 왕래하려면 문을 통과해야 한다. 그러므
로 집안을 방문하는 외부 손님들 가운데 남자 손님들은 안채에 들어갈
수 없다. 식사는 어떻게 하는가? 식사는 안채의 부엌에서 만들어서 사
랑채로 운반되는 경우가 많았다. 사랑채에는 부엌이 없었기 때문이다.
밥상을 들고 안채의 부엌에서 사랑채로 옮기는 일은 하인들이 맡았다.
일부 고택의 경우에는 사랑채에 부엌이 설치되어 있었다. 대구 남평문
씨南平文氏의 고택인 광거당廣居堂의 경우에는, 사랑채인 광거당에 별
도로 부엌이 설치되어 있어서 음식을 나를 필요가 없도록 하였다. 이
는 안채와 사랑채인 광거당이 100미터 이상 떨어져 있었던 탓이다. 사
랑채와 안채를 분리한 이유 가운데 하나는 부부유별夫婦有別을 내세우
는 성리학의 영향이 컸다. 부부유별 속에는 성리학이 추구하는 금욕정
신이 내포되어 있다. 성리학의 이념인 '수신제가치국평천하修身齊家治

國平天下'의 기본에는 수신修身이 있고, 이 수신에는 성적性的인 금욕禁慾이 은연중에 전제되어 있었다. 그러자면 방을 따로 사용해야 한다고 보았던 것이다.

그렇다면 남편이 부인이 기거하는 침실에 가기 위해서는 안채의 문을 통과해야 하였는가. 이는 집안 구성원들의 눈에 띄는 행동이어서 쑥스러웠다고 여기고, 사랑채에다가 안채로 통하는 문을 설치하는 경우가 많았다. 즉 남편이 사랑채의 방에서 다른 사람의 이목을 피하면서 부인이 기거하는 안채의 안방으로 건너갈 수 있도록 별도의 문이 장치되어 있었다. 사랑채에서 안방으로 건너가는 통로는 마루로 연결되었다. 신발을 벗기 않고도 마루를 통해서 안방으로 갈 수 있는 구조였다. 그러나 부부를 연결해 주는 이러한 비밀통로(?)가 없는 고택틀노 있었다. 그런 경우에는 안채의 대문을 통과해야만 하였다. 사랑채와 안채를 분리해서 남편과 부인이 따로 거처하도록 하는 관습은 조선 중기 이후로 일반화되었다. 조선 전기까지만 해도 남편과 부인은 같은 방에서 생활하였다. 성리학이 일상생활을 지배하기 시작하는 조선 중기 이후에 국가에 의하여 분리구조가 권장되기 시작하였던 것으로 보인다. 이러한 별도 기거는 물론 재력을 갖춘 양반가에서만 가능하였다. 서민들은 사랑채와 안채를 별도로 지을 만한 재력이 없기 때문에 애당초 불가능하였다.

안채와 사랑채의 배치 구조를 보면 전후관계이다. 사랑채가 앞에 있고, 안채는 사랑채의 뒤에 있는 구조이다. 안채에 접근하기 위해서는 사랑채를 통과해야 한다. 안채는 여자들만이 거주하는 공간이므로 보호할 필요가 있고, 이를 위해서 남자들이 기거하는 사랑채를 통과해야만 했던 것이다. 또 다른 형태는 ㄱ자 형태의 배치이다. 바깥 부분에는 사랑채가, 들어간 부분에는 안채가 있는 형태이다. 이런 경우 안채에 접근하는 통로는 2군데이다. 직접 안채 대문으로 들어가는 문도 있고, 사랑채를 거쳐서 안채에 들어가는 문도 있다. 이 구조의 장점은 여자들이 안채를 출입할 때 사랑채를 거치지 않고도 곧바로 들어갈 수 있다는 점이다. 전후관계의 형태는 여자들이 안채에 가려면 남자 사랑채의 모서리를 돌아야 하지만, ㄱ자 구조는 사랑채를 거치지 않고 직입한다는 장점이 있다. ㄱ자 형태의 구조가 조선시대 상류층 고택의 가장 일반적인 형태이다.

ㄱ자 구조보다 좀 더 개방적인 구조도 있다. 안채와 사랑채가 병렬로 배치된 고택이 바로 그것이다. 안동 하회마을의 양진당養眞堂이 바로 이러한 구조이다. 오른쪽에는 사랑채, 그리고 왼쪽에는 안채가 있다. 양진당의 병렬 구조는 다른 고택에서는 발견하기 힘든 매우 특이한 형태이다. 그 이유는 풍수적인 부분과 관련이 깊다. 양진당의 터가 병렬로 집을 지을 수밖에 없는 지리적 구조였기 때문이라고 여겨진다.

안채와 사랑채의 관계에서 눈여겨 볼 사항은 안채 대문의 구조이다. 안채로 들어가는 대문은 이중으로 되어 있는 경우가 많다. 즉 안채 대문을 열면 그다음에 또 하나의 간이 대문이 있다. 간이 대문은 블라인드와 같은 역할을 한다. 외부인이 안채 대문을 열었을 경우에 안채 내부가 곧바로 보이지 않도록 차단하기 위해서 또 하나의 간이 문을 설치하였다. 그러므로 안채에 들어가려면 결과적으로 문을 2개 통과해야 한다. 바깥 대문이 오른쪽이 열려 있는 구조라면, 안쪽 대문은 왼쪽이 열려 있는 구조이다. 이중 대문은 외부 사람에게 안채 내부의 모습이 쉽게 노출되지 않도록 하기 위한 장치이다.

5. 명문가의 풍수와 가옥 배치

1) 문필봉文筆峰

명문가의 고택에서 중요한 비중을 차지하고 있는 부분이 바로 풍수이다. 현재 남아 있는 고택들의 배치를 보면 대부분 풍수적 원리에 따라 자리 잡고 있다. 주택에 있어서 적용되는 풍수의 기본 원리는 배산임수이다. 배산임수를 기본으로 하면서 여기에 추가되는 부분이 문필봉文筆峰이다. 필자가 보기에 한국 명문가의 주택에서 가장 주목되는 풍수적 배치는 문필봉이라 불리는 봉우리이다. 문필봉은 그 모습이 붓과 같이 생겼다고 해서 붙여진 이름이다. 삼각형 모양으로 뾰족한 산 봉우리를 문필봉이라고 부른다. 이 문필봉이 집터 앞으로 보이면 그 터에서는 문필을 잘 사용하는 학자가 나온다고 믿었다. 조선시대는 학자를 우대하는 사회였으므로 부자나 권력자보다는 문필가, 즉 학자가 보다 우대 받았던 사회였다. 명문가의 자격조건 가운데 으뜸이 그 집안에서 유명한 학자를 배출했는가 하는 대목이다. 퇴계 이황이나 율곡 이이 같은 대학자의 배출은 그 집안이 현재까지 명문가로 이어지는 결정적인 요소이다. 따라서 학자의 배출을 위해서 노력했던 조선시대 사람들은 집터를 잡을 때에도 학자가 나올 수 있는 터를 무엇보다 원하였다. 그 대안이 바로 문필봉이 바라다보이는 집터였다. 실제 필자가 답사해 본 결과 우리나라 고택의 60~70%는 집터(陽宅) 아니면 묘터(陰宅) 앞에 문필봉이 존재하였다. 예를 들면 충남 여산에 있는 가람 이병기 선생 고택, 전북 왕궁면의 진천송씨 고택인 망모당, 안동의 퇴계종택과 학봉 김성일 종택, 전남의 고산 윤선도 고택 등등이 문필봉을 마주보는 형국이다. 시골 마을을 지나다가 삼각형 모양의 문필봉이 보이면 그 동네에는 틀림없이 유명한 학자가 살았던 동네라고 짐작하면 맞다.

2) 건물의 방향과 비보裨補

대문의 방향도 눈여겨보아야 한다. 선호했던 방향은 남향의 집터에 동향의 대문이었다. 대문은 주로 옆으로 내었던 것이다. 일직선으로 바라다보이는 방향의 대문은 특별한 경우가 아니면 피하였다. 본채와 일직선상의 대문을 피한 이유는 기운이 직접 부딪친다고 보았던 탓이다. 그러나 일직선상에 좋은 봉우리, 예를 들면 문필봉이 보이면 일직선상이라도 대문을 만들었다. 좋은 봉우리쪽으로 대문을 만들면, 그 좋은 봉우리가 집으로 온다고 보았다. 가장 피하는 봉우리는 바위산이다. 풍수에서 암산은 기가 너무 강하다고 보았다. 강한 바위산은 살기殺氣에 해당한다. 따라서 집터 주변에 암산이 보이면 그 방향에는 건물을 높이 세웠다. 다른 건물보다 1미터 정도 높게 세워서 그 바위산이 집터에서 보이지 않게 가렸다. 경남 거창의 동계 정온 선생 고택이 여기에 해당한다. 집터 오른쪽으로 보이는 금원산金猿山이 바위산인데, 이쪽을 차단하기 위하여 오른쪽에 자리 잡은 건물들은 본채에 비하여 특별히 높이 위치하고 있다. 이걸 비보裨補라고 한다. 풍수적인 약점을 인위적으로 보강하는 장치이다.

안채와 사랑채의 방향이 다른 경우도 있다. 풍수적인 형국상 집터는 서향으로 되어 있어서 사랑채는 서향으로 자리 잡았는데, 안채는 이와 달리 남향으로 잡은 경우도 있다. 안채를 틀어서 잡는 방법이다. 이는 햇볕 때문이다. 남향이 햇볕이 많이 들어오는 탓에 여자들이 사는 공간인 안채를 남향으로 잡는다. 빨래나 기타 살림에는 남향이 유리하다는 점을 고려한 배치이다. 해남의 윤선도 고택인 '녹우당'이 이러한 케이스이다. 풍수적 배경과 실용적인 목적이 혼합된 사례이다.

3) 산실産室

명문가에는 산실이 별도로 마련되어 있는 점이 흥미롭다. 산실이라 하면 '아이를 임신하기 위한 합궁용合宮用 방' 또는 '아이를 출산하는 방'을 말한다. 아이를 출산할 때 아무 방에서나 낳지 않고 지정된 방에서 낳는 관습이 있었다. 이는 출산이나 임신할 때 특별한 장소의 영향을 받는다고 여겼던 탓이다. '인걸은 지령地靈'이라는 믿음이 바로 그것이다. 인물은 지령 즉 땅의 특별한 기운을 받고 태어난다고 믿었기 때문에 아이를 임신하거나 낳을 때는 특별한 방을 지정하였다.

안동대학교를 지나서 내앞(川前)에 위치한 의성김씨 대종택에는 다섯 아들이 태어난 방이 산실로 보호되고 있다. 안채 대청마루의 입구에 있는 이 방은 학봉 김성일을 비롯한 5형제가 태어난 방이다. 이 5형제는 모두 과거에 급제하는 경사를 맞았으므로, 세간에서는 이 집을 오룡지가五龍之家라고도 부른다. 안동 일대에서는 한 집안의 5형제 모두가 과거급제를 할 수 있었던 것은 이 집의 영험한 산실 덕택이라고 이야기한다. 경주손씨 대종가인 우재 손중돈 고택에도 역시 산실이 있다. 이 산실에서는 인물이 3명 태어난다는 이야기가 전해 내려온다. 3명 가운데 우재 손중돈과 회재 이언적이 이 방에서 태어났고, 나머지한 명은 아직 태어나지 않았다. 손씨 집안 종가의 신혼부부는 아직도 이 산실에서 회임懷妊하는 습관이 남아 있다. 풍수적으로 볼 때 산실은 그 집터에서 지기地氣가 흐르는 지점에 위치하고 있다. 지기를 파악하는 가장 손쉬운 방법은 바위나 돌이다. 그 방 밑으로 바위나 돌이 묻혀 있으면 그 방의 지기는 다른 곳에 비해서 상대적으로 강하다. 산실은 공통적으로 지기가 강한 곳에 자리 잡고 있다.

4) 궁합宮合과 택일擇日

조선시대 명문가일수록 궁합과 택일을 중요시하였다. 좋은 2세를 얻는 관건이라고 여겼기 때문이다. 궁합과 택일의 원리는 음양오행陰陽五行이다. 음인陰人에게는 양인陽人이 맞다. 수水가 많은 사람에게는 화火가 많은 상대가 좋다. 음양과 오행을 판단하는 기준은 그 사람의 생년, 월, 일, 시를 가지고 판단한다. 만세력을 보고 생년, 월, 일, 시를 환산하면 육십갑자로 표시된 사주팔자가 나온다. 이 사주팔자는 다시 음양오행으로 인수분해될 수 있다. 신혼부부가 합궁을 할 때에도 어떤 날에 합궁할 것인가를 가려서 하였다. 그 방법은 이렇다. 남자의 사주 팔자에 금이 지나치게 많으면 목이 많은 날 날짜를 잡거나, 아니면 화 가 많은 날을 잡는다. 금극목金克木의 원리에 의하면, 목이 많으면 금의 힘이 빠진다. 금이 지나치게 강하면 적당히 힘을 빼야 한다. 또 하나가 화극금火克金이다. 화는 금을 극한다. 그래서 화가 많은 날을 택하면 금 체질에게는 보완이 된다. 만세력에서 보면, 목이 많은 날은 범(寅)이나 토끼(卯)일이나. 화기 많은 날은 뱀(巳)이나 말(午)일이다. 택일을 할 때 남자의 사주만 기준으로 하는 것이 아니다. 여자도 같이 보아야 한다. 남자와 여자의 사주를 모두 조화시킬 수 있는 날짜를 잡았다. 날짜뿐 만 아니라 시時도 중요하다. 시에도 십이시가 있어서 수, 화, 목, 금, 토 가 모두 있다. 자子(수), 축丑(토), 인寅(목), 묘卯(목), 진辰(토), 사巳(화), 오 午(화), 미未(토), 신申(금), 유酉(금), 술戌(토), 해亥(수)의 십이지十二支에는 각각 음양오행이 배당되어 있다. 사주에 토가 부족한 부부는 토에 해 당되는 시간을 택해서 합궁을 하였던 것이다.

✳ 500년 종가의 품격

조광(고려대학교 한국사학과 명예교수)

역사란 존재하는 것들을 확인하고, 그것에 대한 의미를 규정하는 작업을 말한다. 현재까지도 존재하고 있는 종가는 어떠한 의미를 가져왔고 또 가지고 있는지를 파악하는 일은 역사학도들의 몫이다. 종가의 출현은 고려 말·조선 초라는 시대와 사회의 산물이었다. 그리고 종가체제의 성행과 발전도 당시 조선 사회의 요구에 부응하는 측면이 있었기 때문에 가능했던 일이었다. 이리하여 종가는 우리 전통문화의 줄기가 되었고, 전통문화를 지키는 보루의 역할을 다했다.

우리의 역사전개 과정에서 18세기 말엽 이래 전통문화는 서양 문화의 도전에 직면하게 되었다. 서양 문화의 도전은 특히 19세기 말엽 이후 치열하게 전개되었지만, 이 도전의 과정에서 종가문화에는 상당한 변화가 강요되었고, 그 아름다운 문화전통이 소멸된 지역도 적지 않다. 그러나 오늘날까지 영남의 종가는 의연히 그 자태를 유지해 오면서 영남의 품격, 우리 문화의 품격을 대변하는 존재가 되었다.

오늘날 우리는 과거의 전통을 새롭게 하여 오늘의 삶을 풍요롭게 하고 희망찬 미래를 이끌어 나가야 하는 과업을 가지고 있다. 바로 이 시점에서 우리는 영남의 종가문화가 가지고 있는 역사적 의미를 음미함으로써 우리의 과업을 성취해 나갈 수 있을 것으로 생각된다. 이에 여기에서는 종가와 『주자가례』의 관계를 먼저 검토하고, 종가가 당대 사회에서 가지고 있던 기능과 의미를 살펴보고자 한다. 그리고 이에 이어서 종가가 우리 역사발전을 위해 할 수 있는 역할에 대해 간략히 전망해 보고자 한다.

종가문화의 미래에 대한 긍정적 전망은 충분히 가능하리라 생각된다. 종가문화는 수백 년에 걸쳐 사회에 적응해 온 경력이 있다. 종가는 거침없는 변통變通을 통해서 자신의 위치를 확보해 왔다. 그리고 종가는 적어도 200여 년에 이르는 외적 도전을 훌륭히 극복하고 이를 흡수하며 자신의 건재를 과시해 왔다. 이러한 과정을 통해 종가문화는 우리 문화의 원형질로 자리 잡게 되었으며, 우리 문화 창조에 긍정적으로 작용할 수 있게 되었다. 이러한 이유로 인해서 종가 문화에 대한 검토 작업은 매우 시의적절한 일이라고 생각한다.

종가宗家와 『주자가례朱子家禮』

종가는 우리나라 역사전통이 이룩해 놓은 중요한 문화적 자산이다. 종가의 출현은 고려 말엽부터 조선 초기 사이 『주자가례朱子家禮』의 수용과 그 이해의 심화에 따른 결과라고 볼 수 있다. 왜냐하면 『주자가례』에 규정된 제례의 거행을 제외하고서는 제사공동체적 성격을 기본으로 하고 있는 종가에 대한 설명이 불가능하기 때문이다. 그리고 성리학의 조선화朝鮮化가 강하게 추진되어 가고 조선적 예학禮學이 성립되어 가던 과정에서 종가는 한국문화의 특징적 요소로 자리 잡아 갔다. 그러므로 종가에 대한 이해를 위해서는 성리학의 수용 내지는 좀 더 직접적으로 『주자가례』의 수용에 관하여 우선 간략히 검토해 보아야 할 것이다.

『주자가례』는 『주문공가례朱文公家禮』 등으로 불리며, 남송대의 거유巨儒인 주희朱熹(1130~1200)가 편찬한 가정의례서이다. 여기에는 사대부들의 일상생활에서 공통적으로 적용되는 통례通禮 및 관혼상제冠婚喪祭 사례四禮의 수행과 관련된 구체적 지침을 수록하고 있다. 우리나라에 『주자가례』가 수용된 때는 성리학의 수용과 시기를 같이하고 있다. 즉, 고려시대 14세기 말에 가례가 전해졌고, 성리학의 수용을 주장하던 일부 사대부들 사이에서 가례가 실천되었다고 본다. 조선왕조가 건국된 이후에 조정에서도 1408년(태종 8)에 종묘제례와 관련하여 가례에 관해 논의하기도 했다. 이러한 가례는 『성리대전』의 수용과 함께 조선에 확실히 전해다. 『성리대전』이 편찬된 때는 1415년(영락 13)이었는데, 이것이 조선에 수용된 때는 1419년(세종 9)이었다.

이처럼 조선의 성리학자들은 가례의 수용에 적극적이었다. 1427년(세종 9)에는 목판으로 간행되었다. 그리고 17세기 이래로 곡성·함흥 등지의 지방 관청에서도 목판본으로 이를 간행할 정도로 보급이 확대되어 간 사실이 확인된다. 그리고 김휴金烋(1597~1638)가 지은 『해동문헌록』에 『가례언해家禮諺解』라는 제목의 책자가 있음을 볼 때, 이미 17세기에 이르러서는 언해본이 나올 정도로 『주자가례』가 널리 보급되어 있었다. 목판본의 간행은 지식의 보편화라는 측면에서 매우 큰 의미를 가지고 있는 사건이었다. 이리하여 『주자가례』는 15세기에 그 보급과 실천에 치중되고 있었다면, 16세기 이후에는 그 가례에 대한 이해가 강화되어 갔다. 그리고 『주자가례』는 17세기 이후 조선에서 더욱 널리 활용되었다.

물론 『주자가례』는 당대의 중국에서도 함께 읽히고 있었음에는 틀림없다. 이에 관한 증언으로는 명청 연간에 중국에 나와 있던 선교사들의 기록을 통해서도 확인된다. 즉, 1720년 프랑스 선교사 Jean-Francois Foucquet(1665~1741)는 『가례』가 『논어論語』 다음으로 널리 읽히는 책이라 쓰고 있다. Charles de Harlez는 『가례』가 주희朱熹의 저작물 가운데서 저명한 책자이며 중국 사대부들의 애독서라고 말했다. 그러나 청대에 들어와 실제 생활에 있어서 『주자가례』를 직접 실천하는 중국인들은 점차 감소해 갔다. 이에 조선의 지식인들은 중화의 예악문물禮樂文物이 오직 조선에만 보존되어 있다고 확인하면서, 조선이 중국을 능가하는 의식을 강하게 가지고 있었다.

『주자가례』는 특히 영남지방에서 퇴계학파 계통의 학인學人들에 의해서 정비되어 갔다. 퇴계退溪 이황李滉(1501~1579)은 고례古禮와 시속時俗을 참작하여 가례를 정리했다. 그리고 그의 사상을 뒤잇고자 했던 학인들은 퇴계예설을 심화시켜 나갔다. 우리나라 사상계에서 가장 왕성한 활동을 하던 퇴계학단退溪學團 계통의 인물들로는 월천月川 조목趙穆(1524~1606), 백담栢潭 구봉령具鳳齡(1526~1586), 학봉鶴峯 김성일金誠一(1538~1593), 간재艮齋 이덕홍李德弘(1541~1596)을 비롯해서 서애西厓 류성룡柳成龍(1542~1607), 한강寒岡 정구鄭逑(1543~1620), 지산芝山 조호익曺好益(1545~1609)과 여헌旅軒 장현광張顯光(1554~1637), 학사鶴沙 김응조金應祖(1587~1667) 등 영남 사족의 대부분을 포괄하고 있다.

이들의 학문이 학계에서 강고한 위치를 차지하고 있었고, 이들의 사상이 지속적으로 작동하고 있었던 데에서 영남지역 종가문화의 원천이 마련되어 갔다. 다른 지역보다도 영남지역에서 종가문화의 발전이 가능하게 되었고, 오늘에 이르기까지 그 전통이 유지될 수 있었던 까닭은 바로 여기에 있다.

영남지방 종가의 성립과 전개

16세기에 들어서서 영남지역에서는 성리학의 조선화朝鮮化가 활발히 추진되었고, 그 중심에는 퇴계 이황과 그 제자들이 있었다. 퇴계학맥에 속했던 인물들은 퇴계예설을 따라서 퇴계학파만의 하나의 예학적 특징을 갖추어 갔다. 특히 영남의 사족들은 『주자가례』에 기초하여 조상제사를 받드는 데에 사족으로서의 자부심을 강하게 가지고 있었다. 4대봉사는 곧 사족의 상징이 되었다. 그들은 17세기 이래 이를 지속적으로 유지하기 위한 방책으로 제사의 장자상속을 강화시켰고, 문중과 종가문화를 더욱 발전시켰다.

원칙적 측면에서 볼 때 종가는 『주자가례』에 규정된 종법宗法에 따라 조상에 대한 제사를 받드는 존재였다. 사조四祖의 제사를 모시는 경우에는 부계혈연을 중심으로 한 8촌친 공동체 = 당내친 공동체를 형성하게 된다. 당내친(같은 대청 안에서 내외 없이 지낼 수 있는 친분관계)은 종법체제의 근간이 되고 있었다. 종법상에는 4대봉사하는 소종小宗과 고조 윗대인 5대조부터 시제를 향享하는 대종大宗으로 구분되어 있었다. 당내는 바로 소종이며 문중을 대종이라 한다.

종가가 등장하여 성장한 데에는 일정한 시대적 사상적 배경이 자리 잡고 있었다. 즉, 종가문화의 뿌리가 된 『주자가례』는 사대부들이 일상생활의 의례를 통해서 전前 왕조인 고려의 불교문화와 새 왕조인 조선의 유교문화를 확연히 구별하려는 의도가 있었다. 이로써 그들은 새로운 사상체계와 그것을 지도이념으로 삼는 조선왕조에 대한 신뢰와 충성을 일상생활을 통해서 되풀이하여 다져 나갔다. 그들은 성리학적 의례의 실천을 통해서 '최고의 선진문화'인 성리학에 대한 자부심을 강화함과 함께 이적금수의 학문인 불교에 대해 반대하는 입장을 분명히 하고자 했다. 그러므로 이와 같은 실천적 목적을 가지고 있던 사대봉사의 기본 단위로서 종가의 존속이 요청되었다. 이러한 측면에서 보자면, 종가의 출현은 15세기 이래 우리 문화의 당연한 귀결로 볼 수 있을 것이다.

또한, 종가는 기본적으로 공동체의 결속을 통해서 상부상조해야 하는 전근대적 사회문화에 적절한 시스템이었다. 종손을 중심으로 결속된 팔촌친 공동체는 공동 노동을 통한 농경의 수행과 길사와 흉사에 대한 상부상조를 실천하는 기본 단위가 되었다. 사회보장제도가 마련되어 있지 않았던 전근대사회에서 종가는 가장 든든하고 확실한 부조의 단위였다. 이러한 데에서 종가가 존립할 수 있는 사회적 기반을 지적해 줄 수 있을 것이다.

종가의 존재는 변동하던 사회에 공동으로 대처해 나가기 위한 방법이 되기도 했다. 조선 후기에 이르러 지방의 성장과 하층민의 각성은 기존의 사족들에게도 하나의 도전으로 받아들여졌다. 이때 종가는 변동하는 사회에서 중심 세력으로서의 역할을 수행하기에 충분했다. 문중의 발전도 이 사회변동에 대처하기 위한 사족들의 방책이었다. 종가는 변동에 대한 대처에 있어서 중심이 되었고, 변동하는 사회에서 자신의 전통적 사상과 이념 그리고 그에 근거한 사회질서를 유지해 나가는 데에 기여했다.

종가가 가지고 있었던 이러한 기능은 영남지방에서 특히 선명히 발현되고 있었다. 이와 같은 영남의 상황을 19세기 전반기 다산茶山 정약용丁若鏞(1762~1836)은 이중환李重煥이 지은 『택리지擇里志』의 발문跋文을 통해서 다음과 같이 서술하고 있다.

우리나라 장원 중에 아름다움으로는 오직 영남이 제일이다. 그런 까닭에 사대부로서 수백 년 동안 때를 만나지 못했는데도 존귀하고 부유한 것이 쇠하지 않았다. 그들의 풍속은 집마다 각자가 한 사람의 조상을 받들고 한 장원을 차지하고서 동족끼리 같이 살면서 흩어지지 않기 때문에, 그 공고鞏固한 것을 유지하여 근본이 뽑히지 않았던 것이다. 이씨는 퇴계退溪(李滉, 1501~1570)를 받들어 도산陶山을 차지했고, 류씨는 서애西厓(柳成龍, 1542~1607)를 받들어 하회河回를 지켜 냈고, 김씨는 학봉鶴峰(金誠一, 1538~1593)을 받들어 내앞(川前)을 차지했다. 권씨는 충재冲齋(權撥, 1478~1548)를 받들어 닭실(鷄谷)을 차지했고, 김씨는 개암開岩(金宇宏, 1587~1590)을 받들어 범들(虎坪)을 차지했고, 김씨는 학사鶴沙(金應祖, 1587~1667)를 받들어 오미五嵋를 점유했고, 김씨는 백암柏巖(金希玉, 1540~1616)을 받들어 학정鶴亭을 차지했다. 이씨는 존재存齋(李徽逸, 1619~1672)를 받들어 갈산葛山을 점유했고, 이씨는 대산大山(李象靖, 1711~1781)을 받들어 소호리蘇湖里를 점유했고, 이씨는 석전石田(李元禎, 1662~1680)을 받들어 돌밭(石田)을 차지했다. 이씨는 회재晦齋(李彦迪, 1491~1553)를 모시고 옥산玉山을 점유했고, 그 적파嫡派는 양자곡楊子谷을 차지했다. 장씨는 여헌旅軒(張顯光, 1554~1637)을 받들어 옥산玉山을 차지했고, 정씨는 우복愚伏(鄭經世, 1563~1633)을 받들어 우산愚山을 점유했고, 최씨는 인재認齋(崔晛, 1563~1640)를 모시고 해평海平을 점유했다. 이런 유類는 이루 다 셀 수가 없다.

종가의 존재와 그 문화에 대한 가장 강력한 도전은 19세기 말엽 이후 본격적으로 추진된 근대화의 물결이었다. 이 시기 종가는 사회의 급격한 변동을 겪었으며, 성리학적 질서가 파괴됨에 따라 종전의 가치들이 무너져 내려감을 목격해야 했다. 그러나 이 와중에서도 영남의 많은 종가는 살아남았다. 현대

사회에서도 그들이 건재할 수 있었던 데에는 합당한 이유가 있었음에 틀림없다. 종가의 건재는 근대화의 도전에 현명히 대처해 나가면서 자신의 문화를 포용적·개방적으로 전환시켜 나가는 데에 성공했던 결과라고 생각된다. 종가를 이끄는 기본적 이념의 가치를 유지하면서도 시속時俗과 시의時宜를 정확히 파악하여 이에 적응하려는 노력이 있었기에 영남의 종가는 오늘도 건재하고 있다. 종가는 이렇게 하여 영남의 자부심으로 자리 잡아 갔다.

종가문화의 역사적 의미

종가는 역사과정을 통해서 몇 가지 중요한 의미를 드러내 주었다.

첫 번째로, 제사공동체적 성격을 가지고 있는 종가는 문화적 자존심을 강화하는 데에 기여하였다. 조선 후기 우리나라 사회에서 가지고 있던 가장 중요한 자부심으로 소중화小中華의식을 들 수 있다. 조선 후기에 이르러 우리의 지식인들은 지연과 혈연을 중심으로 하던 중화관을 문화를 중심으로 하는 중화관으로 바꾸어 갔다. 즉, 당시인들이 생각하기로는 유학이 세계문화의 정상에 있다고 판단했다. 유학의 가르침은 일상생활의 예제를 통해서 가장 구체적으로 드러나고 있었다.

여기에서 유교에 입각한 관혼상제와 같은 의례는 중화와 이적을 구분하는 가장 현저한 기준이 되었다. 중국은 이미 상당한 사람들이 유교적 의례를 준행치 않았으나 조선에서는 『주자가례』에 따라 이를 극도로 존중하고 일상생활을 통해서 실천해 가고 있었다. 가례를 수행하는 문중이나 종가의 존재는 바로 유교문화를 기본으로 하는 중화문화의 정통계승자임을 자임하는 근거가 되었다. 이를 통해서 그들은 조선을 중화 혹은 소중화로 인식하면서 자신의 문화적 자부심을 강화시켜 갔다. 이렇게 17세기 이래 청淸으로부터 밀려오는 문화적 도전을 극복하는 데에는 가례를 존숭한다는 자부심이 중요한 방패가 되었다. 그리고 가례를 기본으로 한 종가는 문화적 자부심, 자존심을 강화하는 데에 일정한 기여를 해 주고 있었다.

두 번째로, 종가의 존재는 우리 문화가 가지고 있는 중요한 정신적 자산인 효孝의 의미를 분명히 해 준다. 효는 한국 문화가 가지고 있는 특징적 요소로 평가되고 있다. 효에 대한 관습이 종가의 봉제사奉祭祀 과정을 통해서 훈련되어 갔다. 효는 부자간의 관계를 규정하는 일일 뿐만 아니라, 조선의 심성과 문화를 조선적으로 만드는 역할을 하고 있었다.

종가에서 봉행하던 제사는 원래 유근급원由近及遠하는 원칙에 따라 효를 실천한다는 의미가 있었다. 효의 관행은 동일 조상을 받드는 친족 공동체의 결속을 강화시켜 주었다. 그러나 전통사회에서 제사를 통한 효의 실천은 개인적·가문적 차원에만 머물지 않았다. 그리고 종가를 중심으로 하여 효를 실천했던 경험은 종가의 구성원들에게 다시 인류애적 박애심의 실천 가능성을 주도했다. 효의 실천에 있어서 뿐만 아니라 선행의 실천도 역시 가까운 데서부터 시작하여 먼 데로 나아가고 있었다.

세 번째로, 종가는 상부상조하던 미풍양속을 지켜나가는 중심이 되었다. 종가의 중요한 요소 가운데 하나는 상부상조를 실천하던 기관이었다는 점이다. 여기에서 상부상조의 미풍은 종가에 속하던 당내친에게만 국한되지 않았다. 상부상조의 범위는 혈연상의 친소親疎를 떠나 이웃과 사회로 확대되어 갔다. 여기에서 종가는 사람들에게 상부상조라는 덕목을 훈련시키고, 실천에 투입시키는 기관으로 자리 잡게 되었다. 물론 종가가 우리나라의 상부상조적 관행을 주관한 것은 아니다. 그러나 이 상부상조적 관행의 가치를 중히 여기고 이를 보급해 가는 데에 있어서 일정한 기여를 했다는 말이 된다. 그리하여 조선 사회의 상부상조 관행은 종가를 통해서도 강화되어 갔다.

당내친 안에서 뿐만 아니라, 주민 상호 간에 상부상조하던 관행은 당시 조선의 상황을 달레(Dallet)는 다음과 같이 묘사한 바 있었다. 그가 묘사하고자 했던 조선인의 상부상조의 관행은 인류애를 실천하는 중요한 덕목으로 자리 잡고 있었다.

> 조선 사람만의 커다란 미덕은 인류애人類愛의 법칙을 선천적으로 존중하고 나날이 실천하는 것이다. 우리는 이 위에서 어떻게 여러 가지 동업조합이나 특히 친척들이 서로 보호하고 지지하고 의지하고 도와주기 위하여 긴밀히 결합된 단체를 이루고 있는지를 보았다. 그러나 이 동포 감정은 혈족 관계와 조합의 한계를 훨씬 넘어서 확대된다. 상호 부조와 모든 사람에 대한 혼연한 대접은 이 나라 국민성의 특징인데, 솔직히 말하여 그런 장점은 조선 사람을 우리 현대 문명의 이기주의에 물든 여러 국민들 보다 훨씬 우위優位에 서게 하는 것이다.
> 혼례나 상례 같은 인생의 중요한 시기에 사람들은 제각기 직접 일을 당한 집안을 돕는 것을 의무로 여긴다. 모두들 선물을 가져오고, 자기들이 할 수 있는 모든 일을 보아 준다. 어떤 사람들은 장보는 일을 맡고, 어떤 사람들은 예식을 마련하는 일을 맡는다. 아무것도 낼 수 없는 가난한 사람들은 이웃이나 먼 동네에 사는 친척들에게 알리러 가기도 하고, 밤낮 서서 지내고 필요한 노역과 교섭을 거저 해 준다. 마치 개인의 일이 아니라 최고의 공익公益에 관한 일인 것 같다고 할 수 있다. 어떤 집이 화재나 홍수나

그 밖에 무슨 사고로 파괴되었을 때에는 이웃 사람들은 집을 다시 짓기 위하여 어떤 이는 돌을, 어떤 이는 나무를, 어떤 이는 짚을 부랴부랴 가져오고, 또 그런 재료 이외에 각기 2, 3일씩 일을 하여 준다. 타관 사람이 어떤 마을에 이사 오면 모두들 그를 도와 조그마한 집을 세워 준다. 어떤 사람이 먼 산으로 나무를 베거나 숯을 구우러 가게 되는 때에는 그 이웃 마을에 임시 머무를 곳을 틀림없이 얻게 된다. 쌀만 가져가면 된다. 그러면 그 마을 사람이 밥을 지어 주고 거기에다가 몇 가지 필요한 찬도 줄 것이다. 마을 사람이 병이 나면 집에 약이 있는 사람은 달라고 하지 않아도 준다. 흔히는 약을 직접 서둘러 갖다 주고 결코 약값을 받으려 하지 않는다. 논밭갈이 연장을 빌리러 오는 사람에게는 언제나 빌려 주고, 또 흔히는 소까지도 농번기를 제외하고는 꽤 쉽게 빌려 준다.

손님대접은 모든 사람이 가장 신성한 의무로 생각하고 있다. 아는 사람이든, 모르는 사람이든, 식사할 때에 오는 사람에게 밥 주기를 거절한다는 것은, 풍속에 의하면 부끄러운 일일 뿐 아니라 큰 잘못일 것이다. 길가에서 밥을 먹는 가엾은 일꾼들도 흔히는 행인에게 밥을 나누어 먹자고 청하는 데에 있어서 다른 사람들보다 앞장선다. 어떤 집에 조그마한 축제나 잔치가 있을 때에는 모든 이웃 사람이 으레 초대를 받게 되어 있다. 자기 볼일로 먼 곳에 가거나 먼 데 사는 일가나 친구를 찾아가야 하는 가난한 사람은 여행 준비를 오래할 필요가 없다.

네 번째, 종가는 우리 사회에서 노블레스 오블리주의 중요성에 대한 일깨움을 주고 있다. 종가는 17세기 조선 사회에서 자주 있었던 극심한 한발과 기근 시에 곳간 문의 자물쇠를 풀어 기민饑民들에게 개방하던 사진私賑의 중심처가 되었을 것이다. 100리 안에 굶어 죽는 사람이 있어서는 안 된다는 어느 종가의 원칙은 바로 종가가 사회적 선행의 실천을 강화하는 기능을 일정한 범위 안에서 수행해 주고 있었음을 드러낸다.

종가는 여말선초 이래 당대 사회의 요청에 의해서 『주자가례』의 관행과 관련하여 출현했고, 한국 사회의 변동에 적응하거나 추동하면서 한국사의 전개에 적지 않은 영향력을 미쳐 주었다. 종가는 특히 영남문화의 특징적 요소와 관련하여 영남지역에서 발전되었고, 영남지역을 중심으로 하여 남아 있음을 확인했다. 종가가 장기간에 걸쳐서 존속할 수 있었던 것은 그 사회적 기능이 긍정성을 강하게 가지고 있었기 때문일 것이다.

종가문화와 깊은 관련이 있는 역사현상으로는 문화적 자존심을 강화시켜 주었던 사실을 들 수 있다. 이 문화적 자존심은 독자적 문화와 역사를 이룩하는 데에 바탕이 되었다. 또한 종가는 효에 대한 강조를 통해서 한국 문화의 특성을 마련해 주었다. 그리고 종가는 상부상조하는 미풍양속의 실천자가 되었고, 이 때문에 사회적으로도 그 존재가치가 충분히 인정되어 왔다고 생각된다. 또한 종가는 노블레스 오블리주의 중요성을 일깨우며 이를 실천하는 역할을 했다.

지난 역사과정을 통해서 종가가 드러내 준 이와 같은 긍정적 가치들은 종가의 계속적인 존속과 발전을 가능하게 해 주었을 것이다. 물론 종가는 그 자신이 존속해 있던 과정에서 특히 19세기 후반 이래로 심각한 도전에 직면하기도 했다. 그러나 오늘날 종가는 험난한 도전을 극복하고 의연히 살아남아 우리 전통문화의 아름다움을 대변해 주고 있다. 이 종가들은 과거의 역사과정에서 고통스러운 도전과 갈등을 극복했다.

오늘의 과제는 새로운 역사창조에 있다. 종가의 존재는 이제 이 종가의

전통과 현대의 문화가 다시 만나면 현대를 이끌어 갈 아름다운 문화를 만들
수 있을 것이다. 종가의 전통성과 현대문화의 치열함이 어울릴 우리는 새로운
역사의 창조도 가능하다는 말이 된다. 종가의 전통은 바람직한 문화 창조에
유전자처럼 작용하고, 그 새로운 문화를 창조하는 원동력이 될 것이다.

제 4 장

전통 명가와
혁신유림

김 희 곤
(안동대학교 사학과 교수 ·
경상북도 독립운동기념관장)

1. 전통 명가의 시대적 과제

어느 시대나 시대적 과제가 있게 마련이고, 그럴 경우마다 앞장서서 능동적으로 문제를 해결해 나간 인물과 집단이 존재했다. 특히 그러한 과제가 국난 타개라는 어려운 상황에 부딪칠 경우에는 상당한 희생을 요구하기도 했다. 외침으로 인해 민족이 국가를 잃은 절대절명의 난국에는 구성원의 희생이 바탕이 되지 않고서는 극복 자체가 불가능했다. 난국을 극복해야 한다는 역사적 요청에 대해 기꺼이 응할 수 있는 첫걸음은 대개 뜻을 가진 상층부의 몫이었고, 이들이 하층세력을 엮어 세워 나간 것이 일반적인 경향이다.

한국근대사에서도 전통 명가의 몫은 컸다. 물론 외세의 침략을 미리 막지 못한 한계가 있기는 하지만, 일단 열강의 침략을 당하자마자 이에 맞서는 논리와 명분이 내세워지고, 그것을 바탕으로 항쟁이란 실천의 길을 열어 나갔다. 그러한 현상은 특히 지방의 명가에서 두드러졌다. 이것은 바로 전통 명가들이 지켜 온 의리정신과 향약공동체의 산물이다.

현재 한국 사회가 안고 있는 문제 가운데 상층세력의 부도덕성, 역사적 소명의식의 결여가 무엇보다 커 보인다. 비록 자신에게 손해가 닥치는 일이더라도 대승적 차원에서 수용하고 용납하는 것이 아니라, 소인배적인 사고로 다져져 눈앞의 작은 이익만을 쫓아다니는 현상이 거의 모든 분야에서 전개되고 있다. 개인이기주의에서 집단이기주의까지, 마을 단위에서 국가 단위까지 이권과 권력 장악에만 가치를 부여하고 난투극을 벌이는 난장판이 나라 곳곳에서 하루도 빠짐없이 벌어지고 있다. 그러니 난해하기 짝이 없는 일은 이러한 난국을 풀어 나갈 마땅한 길이 보이지 않는다는 점이다. 이 연구 주제를 제안하는 동기는 바로 이러한 사회현상을 풀어나갈 방향을 제시하려는 데 있다.

이 글은 사회경제적 기득권이자 사회운영의 주체세력이던 전통명가 가운데 민족의 수난기에 상층세력의 역사적 책무를 훌륭하게 펼친 사례를 찾아 오늘의 세태를 풀어나가는 역사적 교훈을 찾는 데 목표를 둔다. 다만 전국의 모든 사례를 일일이 다루기에는 한계가 있으므로, 일단 경북북부지역을 지역적 단위로 묶어, 특히 안동문화권을 사례로 삼아 집단적으로 분석하고 해석하려 한다. 즉 하나의 가문을 다루는 것이 아니라 여러 전통 명가들이 하나의 거대한 문화권을 형성하고 이것이 민족운동의 큰 틀이자 동력이었다는 사실을 확인하려 한다. 그렇다고 해서 그러한 성격이 이 지역만의 고유한 특성이라 생각하지는 않으며, 다른 지역에 대한 연구에 도움이 되리라 생각한다.

2. 퇴계학맥과 경북북부지역 유림집단

퇴계학맥의 계승 범위는 경북지역만이 아니라 전국적이다. 근자에 한국국학진흥원에서 편찬한 「영남지방의 퇴계학맥도」를 보면,[1] '영

---

1) 한국국학진흥원, 『嶺南地方의 退溪學脈圖』(예문서원, 2004).

남지방'이라는 한정에도 불구하고 그 범위가 사실상 전국적이라는 사실을 쉽게 알 수 있다. 그 가운데서도 가장 많은 유림이 경북북부지역에 분포하고 있음은 당연한 일이라 말할 수 있다. 이러한 분포가 한말 외세침략과 국권수탈기에 가장 강한 항쟁의 이념과 힘으로 표현된 것에 대한 연구는 근자에 조금씩 진척되어 왔다.[2] 안동문화권(안동부를 중심으로 형성된 경북북부지역 문화권)이 1894년에 이미 갑오의병을 일으킨 사실이나, 한국독립운동사에서 가장 많은 독립유공자와 순국자를 배출한 곳이라는 사실은 이러한 연구를 통해 확인이 되었고, 그 에너지가 퇴계학맥과 통혼권이라는 씨줄과 날줄로 엮어진 촘촘한 그물처럼 결속된 구조에서 나온 것이라는 추정도 나왔다. 이제 그것을 일단 정리하면서 논의를 진행하려 한다.

영남지방에서, 특히 안동문화권은 종적으로는 퇴계학맥을, 횡적으로는 통혼권으로 엮어져 왔다. 우선 학맥부터 일별해 보자. 퇴계 이황은 많은 제자를 두었다. 그로부터 사실상 영남의 거대한 학맥이 형성된 것이다. 그 가운데서도 가장 큰 맥락을 형성한 것이 김성일과 류성룡 계열이고, 조목과 정구 및 장현광 등이 역시 뚜렷한 계열을 형성했다. 그 가운데서도 김성일 계열에서 독립운동가를 가장 많이 배출했다. 김성일을 잇는 줄기가 류치명에 이르고, 그 제자인 김흥락·권연

---

2) 김희곤, 『안동의 독립운동사』(안동시, 1999); 조동걸, 「전통명가의 근대적 변용과 독립운동사례─안동 천전문중의 경우」, 『대동문화연구』 36(2000); 김희곤, 『안동 독립운동가 700인』(안동시, 2001); 안동청년유도회, 『민족 위해 살다간 안동의 근대인물』(2003).

김성일—장흥효—이시명—이현일—이재—이상정—남한조—류치명—김흥락—이중연 · 김상종 · 류창식 · 이중업 · 권상익 · 송준필 · 송기식 · 김대락 · 김흥락 · 김동삼 · 김형모 · 권연하—류지호 · 류필영 · 김흥락 · 김도화 · 김현락 · 김양진 · 권세연 · 서효원

—이만도 · 이만규

김도화—류인식

이현일—권구 · 권명우 · 권의—권준희 · 권오설 · 권오상

이재—이유원————이수규 · 이경호 · 이현구

조목—이영도————이한순

류성룡 · 정경세 · 정종로 · 류심춘 · 류주목—이중연 · 이만각 · 이만도 · 이만규 · 이만인 · 이운호 · 이원기 · 이육사 형제 · 이한걸 · 이종호 · 이중업—이중연 · 허훈 · 조승기 · 류도성 · 류도발(류신영) · 류지영 · 류난영

* 굵은 글씨는 독립유공자로 포상된 자

하·김도화 아래에서 독립운동가들이 쏟아졌다. 특히 김흥락 아래에서 가장 많은 독립운동가가 배출되었다. 독립운동 유공자로 포상된 인물만 헤아려도 30명 정도나 될 지경이다.[3]

독립운동의 첫 장인 의병항쟁을 이끈 주역들이 퇴계학맥 계승자 가운데서도 핵심 인물임을 짐작할 수 있다. 안동 전기의병을 이끈 2대 의병장 김도화, 그리고 김흥락, 여기에 예안 초대의병장 이만도를 살펴보면 쉽게 알 수 있다. 그렇지만 이것만으로는 그 성향을 확실하게 알 수 없다. 어느 계열이 어떤 독립운동 분야에서 어느 정도의 기간 동안 활동했는지 알 수 없기 때문이다. 널리 알려진 이름만 간단하게 소개했을 뿐이고, 의병이나 계몽운동, 혹은 대한민국임시정부와 같은 분야별로 분류하지 않았기 때문이다. 다만 이해할 수 있는 사실은 동일한 학맥을 계승하는 인물들이 스승의 가르침을 신앙차원에서 받아들여 결속하였고, 여기에 의리정신과 명분이 강한 성향은 대단한 투쟁력으로 나타났다는 점이다.

다음으로 이들 퇴계학맥 계승자들을 중심으로 엮어진 혼반을 간단하게 소개한다. 우선 경북북부지역의 중요한 성씨는 다음과 같다. 다만 이 가운데에는 퇴계학맥에 속하지 않는 문중도 간혹 있다는 사실을 말해 둔다.(괄호 안은 독립운동가를 배출한 주요 마을)

---

3) 김희곤, 「西山 金興洛의 독립운동과 그 餘脈」, 『한국근현대사연구』 15(한울, 2000), 34쪽.

진주강씨(봉화 법전)

안동권씨(봉화 유곡, 안동 가일)

예천권씨(예천 용문)

봉화금씨(봉화 법전, 안동 부포)

광산김씨(예안 오천)

김녕김씨(영양 청기)

안동김씨(안동 묵계, 의성 사촌)

의성김씨(안동 천전, 안동 금계, 안동 일직)

풍산김씨(안동 풍산)

영양남씨(영양 석보, 영해 괴시)

무안박씨(영해 도곡)

함양박씨(예천 용문)

흥해배씨(안동 도목)

달성서씨(청송 마평)

청송심씨(청송 덕천)

풍산류씨(안동 하회)

전주류씨(안동 수곡)

파평윤씨(청송 예천)

고성이씨(안동 도곡)

영천이씨(안동 예안)

예안이씨(전의이씨, 안동 풍산)

재령이씨(영해 인량, 영양 석보)

진성이씨(안동 도산)

한산이씨(안동 일직)

안동장씨(안동 금계, 영양 석보, 영해 인량)

한양조씨(영양 주곡, 영양 사월)

평해황씨(울진 사동)

퇴계학맥을 계승하면서 문중들은 혼반을 통해 상층부를 형성하였다. 그래서 어느 한 인물을 끄집어내면 모든 문중이 그물처럼 함께 달려 올라오는 현상을 발견하게 된다. 그 응집력이 전체 사회의 움직임을 규정하는 규범이요 질서였다. 그러므로 사회변동에 대응하는 것도 이러한 큰 틀 속에서 움직였던 것이다.

3. 의병과 전통 명가의 대응

1894년 6월에 일어난 갑오변란에 대응하여 첫 의병이 안동에서 일어났으니, 이를 갑오의병이라 부른다. 이후 1895년 12월에 다시 을미의병이 일어나서 1896년 10월 15일에 영양에서 끝날 때까지 경북북부지역의 의병은 강하게 지속되었다. 이를 끌고 간 에너지는 곧 퇴계학맥의 핵심적 전승자들이었다. 의병장을 중심으로 주요 인물만 들어 본다.

안동의진 : 의성김씨(김흥락 · 김도화 · 김회락), 안동권씨(권세연 ·

권재중 · 권재호), 전주류씨(류지호 · 류시연 · 류창식), 하
회류씨(류도성, 류난영)

예안의진 : 진성이씨(이만도 · 이중린 · 이인화 · 이찬화)

영양의진 : 김녕김씨(김도현), 한양조씨(조승기)

의성의진 : 안동김씨(김상종 · 김회종), 풍산류씨(류봉영), 달성서씨
(서상부)

예천의진 : 함양박씨(박주대 · 박주상)

봉화의진 : 봉화금씨(금석주)

청송의진 : 청송심씨(심성지)

영해의진 : 재령이씨(이수악), 영양남씨

진보의진 : 재령이씨(이하현), 김해허씨(허훈 · 허혁)

여기에 등장하는 인물 가운데 다수가 종손들이다. 안동문화권의
중요한 가문 가운데서도 핵심 인물이 의병의 주역이 되어 직접 이끌어
갔던 것이다. 예를 들자면, 김성일(의성김씨)의 종손인 김흥락, 류치명
(전주류씨)의 종손인 류지호가 그러하다. 대종손이 아니더라도 지파 종
손인 경우도 많았다. 전기의병에 전 문중과 학맥이 어우러져 큰 조직
체를 형성하고 의병항쟁을 벌였고, 그런 가운데 종가의 피해가 컸다.
퇴계종가가 화재를 당하고, 예안 3차 의병장 이찬화(진성이씨)의 집도
불탔으며,[4] 당대 안동문화권의 최고 지도자로 지목되던 김흥락이나 류
지호도 곤욕을 치렀다. 심지어 김흥락의 사촌동생 김회락은 포살되는
비극까지 벌어졌다.[5]

안동문화권의 유림들이 벌인 의병항쟁은 전기의병에 집중되었다. 의병을 10개월 정도 유지하면서 종가를 비롯한 양반가문의 핵심이 처절하게 타격을 받았다. 에너지가 꺾여버린 것이다. 중·후기 의병 당시에 움직인 인물로 류시연(전주류씨)이 대표적이고,[6] 석주 이상룡(고성이씨)은 합천 가야산의병기지 건설에 나섰다가 실패하였으며,[7] 또 신돌석을 도왔다는 이유로 퇴계종가가 다시 한 번 일본군으로부터 화공을 당하는 피해를 입었다.[8] 이것이 중·후기 의병 시기에 나타난 전통 명가들의 대표적인 활동과 피해 상황이었다.

4. 혁신유림의 등장과 전통 명가

중·후기 의병을 거치는 동안 안동문화권에 새로운 변화가 나타났다. 개화의 물결을 받아들이고, 새로운 조류에 맞춰 새로운 문화를

---

4) 이동신, 「禮安地域의 '宣城義兵(1895-1896)' 硏究」, 『안동사학』 8(안동사학회, 2003), 159쪽.

5) 김희곤, 「서산 김홍락의 독립운동과 그 여맥」, 『한국근현대사연구』 15(한울, 2000), 25쪽.

6) 한준호, 「안동출신 의병장 류시연(1872-1914) 연구」(안동대학교 대학원 석사학위논문, 2005).

7) 이규홍, 「세심헌기년」, 정미년(1907).

8) 지금의 종가는 1926년에, 별사랑채인 추월한수정은 1929년에 자손들의 성금으로 본래의 자리를 조금 벗어난 지점에 새로 지어졌다.

흡수하여 그것으로 국권을 지켜 내자는 방안을 채택한 것이다. 전통적인 퇴계학을 중심에 두되, 서양의 신문물을 취사선택하여 국권강화와 국혼보존이라는 데 목표를 두었다. 그렇지만 척사하여 위정해 온 관습을 넘어서서 동도서기의 자세를 가진다는 것이 그리 쉬운 일은 아니었다. 특히 전통적인 관습이 강하게 남아 있을수록 저항은 거셌다. 거기에는 두 가지 걸림돌이 작용하였다. 하나는 정계에서 격리되어 지나는 2세기 정도의 사이에 학문은 거의 '원리주의'에 가까울 만큼 의리론과 명분론에 빈틈이 없었다. 둘째로는 안동문화권이 신문화의 유입이라는, 새로운 사회로 가는 변혁의 길에서 멀리 떨어져 있었다. 따라서 안동문화권을 바꾸어 놓는다는 것은 말 그대로 수백 년의 관습을 개혁하는 혁명에 가까운 결단이었다. 그 길로 가는 데에는 혁신적인 인물의 등장이 필요했다. 그 역할을 종가 출신이거나 유력한 집안의 인물이 맡고 나섰다.

안동문화권에 혁신적인 개혁의 물꼬를 튼 인물은 류인식이다.[9] 1903년에 상경하여 성균관에 머물던 그는 신채호의 권유에 따라 『음빙실문집飮氷室文集』을 비롯한 신사조의 서적을 읽게 되었고, 여기에서 인식을 전환한 그는 1907년에 안동에다 중등과정의 협동학교協東學校를 설립함으로써 계몽운동의 씨를 뿌렸다. 이에 비해 1907년까지 의병적인 사고에 머물던 이상룡은 1908년에 대한협회안동지회를 결성하면

---

9) 김희곤, 「東山 柳寅植의 생애와 독립운동」, 『民族 위해 살다간 安東의 近代人物』 (안동청년유도회, 2003).

서 혁신적인 길에 동참하였다.[10] 스승과 부친으로부터 파문과 천륜天倫을 단절당하는 아픔을 겪으면서 걸어 나간 혁신의 길은 바로 전통 양반가문 출신의 신세대 주역이 짊어진 몫이었다. 앞에서 말한 류인식과 이상룡을 비롯하여, 이상룡의 큰처남 김대락과 그의 족질인 김동삼(김긍식 혹은 김종식), 이상룡의 매부이자 영해의 무안박씨 종손인 박경종(박우종), 영양 주실에서 개화의 물꼬를 열어간 참봉 조병희와 그의 조카 조창용, 그리고 종손 조인석 등이 대표적인 인물이었다.

> 의성김씨(김병식 · 김후병 · 김대락 · 김동삼 · 김규식)
> 무안박씨(박경종)
> 전주류씨(류인식 · 류동태 · 류연갑)
> 고성이씨(이상룡)
> 한양조씨(조병희 · 조창용 · 조인석)

그들의 영향력은 집안과 가문을 넘어서서 경북북부지역 일대로 확산되어 갔다. 협동학교와 대한협회지부 설립 이후 골골마다 신교육을 지향하는 학교들이 들어서고, 국권회복에 가장 긴요한 인재양성에 몰두하였다. 그런데 그것은 그저 서양의 교과내용을 수용하는 정도가 아니라, 세상을 보는 시각을 근본적으로 새롭게 변화시켰다. 그렇기 때문에 이념적 갈등과 극복과정이 그리 만만한 것은 아니었던 것이다.

---

10) 김정미, 「석주 이상룡의 독립운동과 사상」(경북대학교 박사학위논문, 2001).

1910년 7월에 예천의병이 안동 협동학교를 공격하여 교감을 비롯하여 세 사람의 교사진을 죽음에 이르게 만든 것이 대표적인 사례였다.[11] 그러한 갈등을 극복하여 펼쳐나간 것이 혁신의 길이었다.

5. 일제강점에 저항한 순국자와 명가의 인물들

1910년에 나라를 잃게 되면서, 이에 대한 극단적인 저항이 순절로 나타났다. 외세 침략에 맞서 택할 수 있는 첫 방책이 맞서 싸우는 의병 항쟁이었고, 그 항쟁이 한계를 드러내자 방략을 수정하여 인재를 양성하기도 했지만, 일단 나라를 잃는 순간에도 타협과 굴욕을 택하지 않고 극단적인 항거를 택하였다. 1905년 이후 망국에 이르기까지 대개 60명 정도의 순국자가 나왔는데, 그 가운데서도 안동문화권에서 가장 많은 지사들이 자정순국의 길을 택하였다.

1907년에 예천에서 순절한 김순흠(풍산김씨)은 안동시 풍산읍 수동 출신이다. 빼앗긴 들에서 자라나는 어떤 음식도 거절하면서 순절하였다. 1910년 국망 직후에 순절한 이만도(진성이씨)는 퇴계 이황의 후손이자 안동시 예안면 하계 출신이면서 예안의병 초대의병장이었다. 그는 단식하던 24일 동안 문중 인사와 가족들에게 세상 살아가는 이치와 바

---

11) 김희곤, 「安東 協東學校의 독립운동」, 『우송조동걸교수정년기념논총 한국민족운동사연구』 I (나남출판, 1997).

른 자세를 일일이 가르치면서 세상을 떠났다.[12] 어떤 길이 대의를 향하는 것인지의 방향을 제시하면서 떠난 것이다. 이만도의 집안 조카가되는 이중언도 그 뒤를 따랐다. 이때 스승 이만도에게 마지막 인사를드리면서 그 뒤를 따르겠다고 신념을 밝혔던 김도현 또한 부모상을 모두 치른 뒤 1914년 동짓날에 영해 대진 앞바다를 걸어 들어가 장렬히순절했다. 그래서 그 자리에 '도해비蹈海碑'가 세워졌다. 안동 출신 순국자만 헤아려도 10명이나 된다. 한결같이 전통적인 양반 가문 출신이자 지도자였고, 역사적 책무를 다하지 못해 국가를 잃은 죄를 통절히느끼면서 마지막 길을 택하였던 것이다.

이만도(진성이씨, 안동 도산 토계)

이중언(진성이씨, 안동 도산 토계)

이명우 부부(진성이씨, 안동 예안)

류도발(풍산류씨, 안동 풍천 하회)

류신영(풍산류씨, 안동 풍천 하회, 류도발의 아들)

김순흠(풍산김씨, 안동 풍산 수동)

김택진(안동김씨, 안동 풍산 소산)

권용하(안동권씨, 안동 와룡)

이현섭(연안이씨, 안동 풍천 갈전 - 도산 양평 이주하여 순국)

---

12) 조동걸, 「響山 李晩燾의 독립운동과 그의 遺志」, 『響山李晩燾先生殉國88週期追慕講演會』(안동청년유도회, 1997), 30~31쪽.

6. 만주 독립군기지 건설에 나선 명가 그룹

　나라를 잃자마자 순절자가 이어지는 상황에서 새로운 돌파구가 모색되었다. 더 이상 국내에서 독립운동 인재를 양성한다는 데 한계를 느낀 인사들이 새로운 기지 건설을 위해 길을 모색한 것이다. 교육구국운동을 벌이던 그룹에서 먼저 만주에 독립군기지 건설에 착수하였다. 신민회와의 연계 속에 일을 추진하면서도, 안동 유림들은 자체적으로 만주에 조사원을 파견하여 입지조건을 분석하였다. 그리고 나서 1910년 12월 말에 고향을 떠나 돌아오지 못할 수도 있는 그 행로에 대해 사당 앞에서 무릎을 꿇고 고한 뒤 머나먼 길을 떠났다.[13]

　이들의 망명은 거의 문중 단위로 이루어졌다. 뿐만 아니라 학맥과 혼맥으로 결속된 집단적인 망명이었다. 이상룡·이봉희를 비롯한 안동의 고성이씨 문중, 김대락·김동삼·김규식 등의 의성김씨 천전 문중, 이원일의 진성이씨 문중, 배영진·배인환의 예안과 월곡의 흥해배씨 문중, 류인식·류림 등의 전주류씨 문중, 박경종을 비롯한 무안박씨 영해 문중, 남세혁을 비롯한 영해의 영양남씨 문중, 울진의 사동황씨 황만영 일가 등이 대거 망명길에 올랐다. 모두들 문중의 대표급 인물들이고, 대규모 망명이었다. 협동학교가 있던 안동 천전川前(내앞마을)은 당시 700여 명의 규모였는데, 만주로 망명한 인원이 150명 정도

---

13) 조동걸, 「川前 金門의 獨立運動」, 『靑溪先生誕辰五百週年紀念論文集; 내앞 500년』(기념논문집간행위원회, 2000), 194~196쪽.

나 되었다. 마을마다 종손이나 핵심 인물이 대거 망명하였으니, 마을이 황폐화되는 것은 당연한 일이었다.[14]

　　이처럼 망명길에 오른 인물들은 서로 학맥과 혈맥으로 얽혀 있었다. 울진 사동의 평해황씨와 안동 천전의 의성김씨는 사돈 사이에 함께 움직였고, 이상룡의 매부 박경종이 영해의 무안박씨 문중을 함께 이끌었다. 이러한 사실은 단편적인 사례일 뿐, 대다수가 그러했다.

　　안동 : 고성이씨(이상룡 · 이봉희 · 이승화 · 이운형 · 이광민 · 이형국)

　　　　　의성김씨(김대락 · 김동삼 · 김동만 · 김규식 · 김만식 · 김성
　　　　　　　로 · 김정식)

　　　　　전주류씨(류인식 · 류시연 · 류림)

　　　　　진성이씨(이원일 · 이원태 · 이목호)

　　　　　흥해배씨(배영진 · 배인환 · 배재형)

　　　　　안동권씨(권기일)

　　영양 : 한양조씨(조창용)

　　영덕 : 무안박씨(박경종), 영양남씨(남세혁), 재령이씨

　　울진 : 평해황씨(황만영)

　　이들이 만주에 도착하여 벌인 활동은 별도로 말할 필요가 없을 만

---

14) 신창균, 「민족운동에 따른 전통명가의 사회경제적 변화」, 『한국근현대사연구』 27(2003 겨울), 40~81쪽 참조.

큰 널리 알려져 있다. 1911년 경학사가 처음 조직되면서 사장에 이상룡, 교육부장에 류인식, 조직과 선전 담당에 김동삼이 활동하였고, 이후 공리회(1913)를 거쳐, 부민단(1916)에서는 허혁이 단장, 김동삼이 부단장, 김형식이 서무부장을 맡았다. 백서농장(1914) 장주가 김동삼이었고, 한족회(1919) 서무사장이 김동삼, 학무사장이 김형식이었으며, 서로군정서(1919) 독판이 이상룡, 참모장 김동삼, 서무 김성로, 법무 김응섭, 학무 김형식이었다.[15] 이후 1920년대 활동에서도 이들의 눈부신 활약은 지속되었다. 독립의 기틀을 확보하고자 차디찬 만주 벌판에 자리잡고 교두보를 확보한 뒤 국내로 진군하기 위해 그들은 국내에서 가졌던 기득권을 모두 버린 사람들이었다. 먹고 살기 위해 찾아간 길이 아니라, 가진 것을 모두 포기하고 새로운 것을 마련하여 민족의 손에 쥐어 주기 위해 떠난 길이었다.

7. 1910년대 국내외 항쟁과 명가들

1910년에서 1913년 사이에 집중적으로 만주 망명이 이어졌다. 그러면서 의병부대가 해산되어 잔여 인물들이 소도시로 잠입하여 집단을 형성하기 시작했다. 대표적인 것이 풍기에서 1913년에 조직된 광복단이었다. 이것이 대구 중심의 계몽인사로 구성된 조선국권회복단의

---

15) 김희곤, 『안동의 독립운동사』(안동시, 1999), 195~202쪽.

강성 인물들과 결합하여, 1915년 7월 대구에서 전국적인 조직인 광복회로 발전하였다. 박상진이 이끄는 광복회에 경북북부지역 인사들도 대거 참가하였다. 안동권씨 집안에서 권준희·권준홍·권영식 등, 진성이씨 문중에서 이중업과 이동흠·이종흠 부자, 고성이씨에서 이종영, 의성김씨에서 김후병, 순흥안씨에서 안승국 등이 대표적이다.[16] 이중업은 의병장 출신이자 1910년에 순국한 이만도의 아들이요, 이동흠과 이종흠은 다시 이중업의 아들이니, 3대가 독립운동에 직접 뛰어들었던 것이다.

앞에서도 본 것처럼 김도현의 순국은 이 시기를 장식하는 대표적인 의거였다. 영양에서 태백산맥을 넘어 영해 대진 바닷가에 이른 그는 동짓날 추운 바람을 안고 암초가 많은 동해바다를 향해 걸어 들어갔다.[17] 민족을 지켜내려던 그의 꿈과 삶은 전기의병에서 시작되어 후기의병까지, 그리고 1910년대에는 교육구국운동으로 지속되었지만, 결국 그는 바다를 걸어 들어가 순절하는 '도해踏海'를 결행하여 민족정기를 보존하려 했다.

1910년대 말미를 장식한 거사가 3·1운동이었다. 서울을 비롯한 대도시에서 벌어진 시위는 대개 기독교도와 학생의 역할이 두드러졌지만, 경북북부지역은 양반 가문의 역할이 특별하였다. 예안의 경우는 퇴계 이황의 혈통을 잇는 진성이씨 문중이 절대적으로 많이 참가하였

---

16) 김희곤 편, 『박상진자료집』(독립기념관 한국독립운동사연구소, 2000) 참조.
17) 송상도, 『기려수필』(국사편찬위원회, 1971), 223쪽.

고, 안동에서는 갓 자리 잡은 교회와 더불어 김홍락의 제자인 송기식이 한 축을 맡고 있었다. 임동 시위는 혁신유림에 의해 길러진 협동학교 학생과 졸업생들이 주도하였다.[18] 영양은 한양조씨 문중, 영해는 영양남씨·재령이씨·안동권씨·무안박씨 문중, 의성은 사촌의 안동김씨 문중, 예천 용문에는 예천권씨와 함양박씨 문중 등, 유력 양반 가문들이 중심축을 이루었다.

　3·1운동에서 문중 사이의 연결성을 보여 주는 사례로 김락金洛이란 여성을 드러내 볼만 하다. 그는 의성김씨 내앞 문중 출신으로, 시아버지가 예안의병장이자 단식 순국한 이만도이고, 남편은 의병에 참여하고 1910년대 광복회에 관여하였으며 1919년 파리장서를 기획했던 이중업이다. 친정의 큰오빠 김대락과 큰형부 이상룡은 만주로 망명했고, 김형식을 비롯한 친정 조카들도 대다수 만주로 망명했다. 뿐만 아니라 그의 두 아들 이동흠과 이종흠이 이미 대한광복회에 연루되어 옥살이를 치렀다. 안동 도산면 하계마을의 큰 양반 가문을 지키고 있던 김락이 3·1운동이 일어나자마자 육십 고령임에도 불구하고 시위에 나섰다가 일제 수비대에 체포되어 고문을 받아 두 눈을 실명하였다. 바로 뒤에 남편 이중업이 파리장서에 이어 제2차 독립청원서를 준비하다가 사망하였고, 김락은 불구의 몸으로 11년을 살다가 세상을 떠났다. 그 기간마저도 두 아들과 두 사위가 모두 독립운동을 벌이다가 구금되는 일을 듣고 살아야만 했다. 끊임없는 저항의 연속이었다.[19]

---

18) 김원석, 「안동의 3·1운동」(안동대학교 석사학위논문, 1994), 36~41쪽.

그리고 유림의 3·1운동이라고 말할 수 있는 제1차 유림단의거에 전통 명가들이 참가하였다. 서울에서 발의 당시부터 이중업(안동 하계, 이만도의 아들)이 활동하였고, 서명에 참가한 인물로는 이만규(안동 하계, 이만도의 동생), 김병식(안동 임하, 의성김씨 종손), 김양모(안동 금계, 의성김씨), 류연박(안동 수곡, 류치명의 손자, 류지호의 아들), 류필영(안동 삼산, 류인식의 아버지) 등이 대표적이다.[20] 여기에 김창숙이 상해로 가는 길에 동행하며 이를 도운 김응섭(안동 오미, 풍산김씨)도 빼놓을 수 없는 유공자이다.

8. 1920년대 국내 운동과 국외 지역 지원활동

1920년대에 들면서 독립운동에 참여하는 전통 명가들의 동향이 두 가지로 나뉘었다. 하나는 만주로 떠난 경북 출신들을 지원하는 것이고, 다른 하나는 향리를 중심으로 민족운동을 펼쳐 나가는 것이었다. 대외적인 지원활동은 특히 경북북부지역 출신들이 주로 자리 잡고 있던 서간도에 대한 지원이 중심이었다. 경상도를 중심으로 결성된 의용단은 한족회와 서로군정서에 지원을 집중시켰다. 그 한가운데에 의

19) 김희곤, 「독립운동가의 딸, 아내 그리고 어머니—김락(1862-1929) 여사의 삶—」 (안동청년유도회, 2001) 참조.
20) 경상북도경찰부, 『고등경찰요사』(1934), 248~251쪽.

성김씨 금계마을 종손(학봉 김성일 종가) 김용환이 움직이고 있었다. 1910년대 만주지역에 터를 잡는 과정에서 많은 자금이 필요했고, 그 이후에도 두고두고 지원이 필요했다. 만주에서 독자적인 경제력을 마련하기 이전에는 국내 지원 없이 견딘다는 사실 자체가 불가능했고, 따라서 이들에 대한 지원은 지속되었다. 여기에 일본경찰이 주시한 것은 당연하다. 국내에서 국외로 연결되는 핏줄을 차단하기 위해 지원이 가능한 인물들을 철저하게 추적하였고, 그 결과 '경북의용단사건'이 란 이름으로 주역들이 검거되었는데, 김용환도 그러한 인물 가운데 한 사람이다.[21] 안동문화권에서 가장 이름 높은 명가의 하나로 꼽히는 학봉종가의 종손인 그가 1922년까지 무려 세 차례나 검거되었기 때문이다.[22] 이처럼 만주지역 망명자들을 지원하기 위해 유력한 종가의 종손이 몇 차례에 걸쳐 일제경찰에 체포되어 옥고를 치렀고, 그 과정에서 종가의 재산이 거덜 났다.

대한민국임시정부 지원 사업에는 안상길(순흥안씨, 안동 와룡 남흥)이 그의 아버지 안승국을 이어 나섰다.[23] 여기에 김재봉(풍산김씨, 안동 풍산 오미)과 탁청정종가 출신 김남수(광산김씨, 안동 도산 군자리)가 가담하였다. 안상길은 상해로 임시정부를 찾아갔고, 안창호를 만난 뒤 임시정부 경북교통부장으로 임명되어 국내로 파견되었다. 임시정부가 국

---

21) 경상북도경찰부,『고등경찰요사』(1934), 211쪽.

22)『동아일보』, 1922년 12월 30일자.

23) 노영애,「안동출신 사회주의운동가 안상길(1892-?)−1920년대를 중심으로−」(안동대학교 석사학위논문, 2004), 7~10쪽.

내의 통치력을 장악하기 위해 내무부 산하에 연통부를 두고, 교통부
아래에 교통국, 그리고 군무부 주비단을 설치하였다. 안상길은 바로
교통부 소속의 경상북도 교통부장으로 선임되어, 국내로 잠입하였다.
그는 대구에 자리 잡고 미곡상회를 열어 교두보를 확보했다. 그렇지만
얼마 지나지 않아 일제경찰에 체포되었다.[24] 안상길의 활동 자체는 임
시정부의 국내 통치력 확보라는 차원에서 이해된다. 안상길은 아버지
안승국을 이어 독립운동에 뛰어든 인물이고, 다시 안상훈·안상윤·
안상태 등 동생들이 1920년대와 1930년대의 사회운동계에 화려한 빛
을 발하게 되는 출발점을 마련해 주었다. 안상길의 집안은 안동문화권
에서는 비주류에 해당하는 소론계열에 속하여 넓은 혼반을 형성하지
못했지만, 민족문제가 발생하자 적극적으로 대응하고 나섰다. 1차 조
선공산당 책임비서가 된 김재봉의 처가가 안상길 집안이어서, 사회주
의운동에서 혼반을 통한 연결점이 확인된다.

6·10만세운동의 핵심에 안동문화권 인물들이 포진해 있었다. 권
오설이 정점이며, 그 아래로 류면희·이선호·권오상·권오운이 활발
하게 움직였다.[25] 조선공산당 중앙집행위원이자 고려공산청년회 책임
비서이던 권오설은 6·10만세시위를 기획하고 총괄하였는데, 자신이
신임하고 일을 맡긴 인물에 동향 출신 청년들을 포진시키고 있었음을
확인할 수 있다. 류면희는 전주류씨(예안 삼산)이며, 이선호는 진성이씨

---

24) 『독립신문』, 1921년 2월 17일.
25) 장석흥, 「권오설의 민족운동 노선과 성격」, 『한국근현대사연구』 19(한울, 2001), 227쪽.

134

(예안 부포), 권오상(권오돈)·권오운은 안동권씨(풍산 가곡)로, 권오설과 같은 마을 출신이다. 결국 이념이란 절대적인 명제 앞에서도 그가 동향 출신의 청년학생들을 기반세력으로 꾸리고 나갔던 것이다.

1920년대에 전통 명가 출신으로 의열투쟁사에 빛을 발한 인물도 있다. 의열단원으로서 이중교투탄의거의 주인공인 김지섭(풍산김씨, 안동 오미),[26] 역시 의열단원으로 일제강점기 전 시기에 걸쳐 투쟁을 지속해 나간 김시현(안동김씨, 안동 현애)이 대표적인 인물이다.

김지섭은 1920년 이래 의열단원으로서 국내에 잠입하여 군자금 마련에 나섰던 인물이다. 1923년 9월 1일 동경 대지진 당시에 동포들이 대학살되자, 그는 그 원수를 갚기 위해 도쿄를 정면공격한다는 의열단의 공격의지를 실행에 옮기고자 일본으로 파견되었다. 1923년 12월 21일 폭탄 3개를 갖고 일본으로 간 그는 1924년 1월 5일 왕궁 정문으로 접근하다가 경찰이 다가서자 폭탄을 던졌고, 급히 피하면서 왕궁으로 들어가는 다리인 니주바시(二重橋)에 다시 폭탄을 던졌으나, 불행하게도 모두 폭발하지 않았다. 현장에서 체포된 김지섭은 1925년 5월 사형을 선고 받았다가, 1927년 20년으로 감형되었지만, 다음 해 감옥에서 의문의 죽음을 맞았다.

김시현은 풍산 현애의 양반 집안 출신이다.[27] 1919년에 망명하여

---

26) 김용달, 「추강 김지섭의사의 생애와 독립운동」, 『민족 위해 살다간 안동의 근대 인물』(안동청년유도회, 2003), 416~443쪽.
27) 양형석, 「김시현(1883-1966)의 항일투쟁」(안동대학교 석사학위논문, 1998), 13~23쪽.

의열단에 가입한 그는 1920년 국내에 잠입하여 군자금 모금과 무기 구입에 힘쓰다가 검거되어 1920년 9월 대구형무소에서 1년의 옥고를 치렀다. 1921년 출감 후 바로 상해로 망명한 그는 이르쿠츠크파 고려공산당에 입당하고, 1922년 1월 모스크바에서 열린 극동인민대표회의에 참석하였다. 7월 하순부터 대규모 폭탄을 국내로 들여와 의열투쟁을 벌이려는 계획을 세우고, 마침내 이듬해인 1923년 3월 대량의 무기를 갖고 국내로 들어왔다.(이른바 '김시현·황옥' 사건) 그러나 불행하게도 일경에 붙잡혀 10년형을 선고 받고 옥고를 치른 뒤 1929년 1월 29일 대구형무소에서 풀려 나왔다. 다시 망명길에 오른 그는 의열단이 난징에 조선혁명정치군사간부학교를 설립하는 데 힘을 보탰으며, 의열단의 길림과 북경의 대표자로서 활동하였다. 1934년 5월 초순경 북경에서 배반자 한삭평韓朔平을 처단하는 일을 지휘하다 체포되어 9월 22일 일본 장기지방재판소에서 5년형을 언도 받고 복역하였다. 1939년 이른 봄에 출옥한 뒤 활동을 재개한 김시현은 1944년 4월 북경에서 또 다시 일본 헌병대에 체포되어 그 이듬해 해방을 맞을 때까지 경성 헌병대에 감금되었다가 해방과 더불어 자유의 몸이 되었다.

그리고 아나키스트로서 활약한 류림(전주류씨, 안동 동후)을 빼놓을 수 없다.[28] 안동에서 3·1운동에 참여한 그는 1920년에 만주로 망명하여 안동문화권 인사들이 닦아 놓은 터전에서 활약하다가, 무대를 북경으로 옮겼다. 그러다가 사천성四川省 성도成都에서 사범대학을 다니며

---

28) 김희곤, 「단주 유림의 독립운동」, 『한국근현대사연구』 18(한울, 2001), 69~99쪽.

아나키스트로 성장하였다. 1926년 초 대학을 졸업한 그는 잠시 신민부新民府를 찾아 김좌진과 공동노선을 모색하였으나 뜻을 이루지 못하였다. 1929년 10월 평양에서 열린 전조선흑색사회운동자대회全朝鮮黑色社會運動者大會에 참석했다가 조선공산무정부주의자연맹朝鮮共産無政府主義者聯盟을 결성하는 실적을 올렸다. 그 후 그는 봉천奉天(현 瀋陽)에서 사범대학 영문과 졸업생으로서, 아나키스트로서, 그리고 조선공산무정부주의자연맹 차원에서 1930년 말부터 의성숙義誠塾(혹은 義誠學院, 봉천중학)을 설립하여 학생들을 가르치기 시작하였다. 하지만 1931년 10월경 다시 일본경찰에 체포되고 5년형을 선고 받아 중일전쟁 직후인 1937년 10월 8일 출옥할 때까지 모두 6년 동안 옥중에서 고생하였다. 2차 망명길에 오른 그는 연안을 거쳐 중경으로 건너가, 조선무정부주의자연맹 대표로서 임시정부에 참여하여 의정원 의원에 이어 국무위원으로 활약하였다.

9. 사회운동 및 사회주의운동과 명가 출신 신세대

임시정부 지원 사업을 펼치다가 옥고를 치른 이들은 1920년대에 들면서 곧바로 사회운동으로 전환하였다. 이들에게 큰 배경 인물이 된 이가 바로 류인식이다. 혁신유림으로서 경북북부지역의 성향을 바꿔놓은 그는 1911년 초에 만주로 망명했다가 돌아와 협동학교를 다시 맡았다. 그리고 3·1운동을 병석에서 지켜본 그는 일어나자마자 56세 나이에 노동운동에 발을 내디뎠다. 조선노동공제회안동지회를 열고 나간 것이다. 여기에는 류준희·류주희·류연건·류동저를 비롯한 전주류씨, 이운호와 이규호 등의 진성이씨, 김남수를 비롯한 광산김씨 등이 참가했다. 그의 문중 후손들과 협동학교 제자들이 주력을 이루었음을 알 수 있다.[29]

안동지역이나 서울에서 사회운동을 이끌어 간 인물에는 전통 명가 출신 신세대가 주류를 이루었다. 조선공산당 제1차당 집행위원장이 된 김재봉은 풍산김씨(안동 풍산 오미) 문중의 핵심 인물이며,[30] 제1차당과 제2차당을 연결시킨 이준태는 예안이씨(안동 풍산 하리) 출신이다.[31] 두 사람은 모두 경성공업전습소 출신인데, 이것이 뒷날 경성공업전문학교를 거쳐 서울공대로 이어졌다. 김재봉의 생가는 지금도 남아 있는데, 대단히 큰 규모의 양반가옥으로 당시 집안의 재력을 자랑하고 있다. 그는 임시정부 경북교통부장이 되어 돌아온 안상길을 도와 임시정부 지원 활동을 벌이다가 체포되어 옥고를 치렀고, 출옥한 뒤 망명하여 극동인민대표회의에 참가하였다. 그러고서 코민테른의 지시에 따라 국내에 조선공산당을 건설한다는 임무를 가지고 귀국했다. 그 사이에 역시 양반이자 중소지주 출신인 이준태는 서울에서 사회운동의 터

29) 김희곤, 「동산 류인식의 생애와 독립운동」, 『한국근현대사연구』 7(한울, 1997), 59~60쪽.

30) 신주백, 「김재봉과 조선공산당」, 『1920년대 안동출신 사회주의운동가』(안동대학교 안동문화연구소, 2001) 참조.

31) 김희곤·강윤정, 『잊혀진 사회주의운동가 이준태』(국학자료원, 2003).

전을 확보하고 있었나. 이준태가 마련한 교두보 위에 김재봉이 힘을 합쳐 화요회를 결성하고 이어서 조선공산당을 창당했으니, 이것이 바로 제1차당이다. 동향 출신 인물의 교감과 협조가 중요한 바탕이 된 것이다.

김재봉과 이준태는 다시 새로운 인력이 필요했다. 그래서 이들은 중앙무대로 끌어올릴 인물로 떠오른 권오설을 새로운 '젊은 피'로 수혈하였다. 이들의 기대는 적중하였다. 제1차당이 검거에 휘말려 무너지자, 이준태가 급거 권오설을 내세워 제2차당을 조직하게 만들었고, 권오설은 조선공산당 중앙집행위원이자 제2차 고려공산청년회 책임비서를 맡아 6·10만세운동을 이끌어 낸 것이다. 그 권오설은 안동권씨(안동 풍산 가일) 출신이다. 그리고 안동지역의 풍산소작회를 비롯한 소작쟁의와 사회주의운동을 이끌고, 나아가 제3차당과 형평운동에서 백정해방운동을 이끌어 간 김남수는 광산김씨(안동 예안 오천)의 탁청정 종가 출신이다.[32] 소작투쟁이나 형평운동을 주도해 나간 인물로 결코 소작인이나 백정이 아닌 전통 명가의 종가 출신들이 주축을 이루었다는 점은 기억할 만하다.

안동권씨 : 권오설 · 권병수 · 권오상 · 권영식 · 권오운(풍산 가곡)

예안이씨 : 이준태 · 이용만 · 이준덕 · 이준문 · 이창직 · 이희원

　　　(풍산 하리)

---

32) 학산김남수선생기념사업회, 『항일혁명투사 김남수선생자료집』(집문당, 2001).

순흥안씨 : 안상길 · 안상훈, 안상윤 · 안상태(와룡 가구), 안기성
(풍산 가곡)

풍산김씨 : 김재봉(풍산 오미)

광산김씨 : 김남수(예안 오천)

안동김씨 : 김수규 · 김수한(풍산 소산)

안동권씨 : 김경한 · 김연한(안동 읍내)

영양남씨 : 남동환 · 남장(일직)

전주류씨 : 류기만 · 류준희(삼산), 류동저(수곡), 류연건 · 류연술
(고천), 류주희(박곡)

진성이씨 : 이운호(예안 의촌), 이열호(도산 원촌)

의성김씨 : 김세로 · 김응로 · 김시린 · 김정식 · 김후식(임하 천전)

전주류씨 : 류동저(임동 수곡), 류기태 · 류기만(삼산)

　신간회 활동은 지역마다 명가 출신 인물들이 지도자로 활약하였
다. 안동지회는 류인식이 초대회장을 맡았고, 다음으로 정현모가 대를
이었다.[33] 영양 출신으로는 한양조씨 문중에서 동경지회장을 배출했으
니, 바로 주실마을 종가에서 태어난 조헌영이다.

　1930년에 접어들 무렵에는 조선공산당 재건운동이 일어났다. 안
동콤그룹(안동 코뮤니스트 그룹)과 영덕 · 영양그룹, 예천 무명당 등이 경
북북부지역에서 전개된 핵심이다. 이 가운데 안동콤그룹은 진성이씨

---

33) 이현정, 「신간회 안동지회 연구」(안동대학교 석사학위논문, 2002) 참조.

의 이필과 이발호, 전주류씨의 류기만, 의성김씨의 김공망과 김후식 등 전통 명가 출신들이,[34] 영양의 경우에도 한양조씨 조훈석을 중심으로 전개되었다.[35]

한편 중국에 망명하여 의열단이 설립한 조선혁명정치군사간부학교를 1기로 졸업한 뒤 국내로 잠입했던 이육사(이원록)는 진성이씨로서 도산 원촌 출신이다. 그의 형 이원기와 동생 이원일·이원조와 더불어 1927년에 발생한 장진홍의거에 연루되어 고생하였고, 육사 자신은 초급 군사간부로서 잠입공작을 시도했다. 서대문형무소를 나온 그는 문필활동을 벌이다가 1943년에 다시 북경으로 갔고, 좌우합작과 국내 무기반입을 시도하다가 1944년 1월 16일 북경에서 옥사하였다. 문학에 종사하는 대다수가 변절하여 친일의 대세에 휩쓸리던 시기에 그는 민족의 양심을 갖고 외롭게 싸워 나갔다. 그 바탕에는 어린 시절부터 그를 붙들었던 '무서운 규범'이 함께하고 있었다. 그것은 곧 의리정신과 명분론이 강한 전통 명가의 역사적 재산이었다.[36]

청송 출신 사회주의운동가로 윤자영을 빼놓을 수 없다. 고려공산당 상해파 소속이자, 상해에서 청년동맹회를 이끌고, 조선공산당 만주총국에서 활약한 윤자영은 청송 읍내에 자리 잡은 파평윤씨 문중 출신이다. 그는 1930년을 전후하여 함흥에 아지트를 구축하고 조선공산당

34) 강윤정, 「'안동콤그룹'의 조선공산당 재건운동」, 『안동사학』 8(안동사학회, 2003), 238~239쪽.
35) 김희곤 외, 『영덕의 독립운동사』(영덕군, 2003), 367~371쪽.
36) 김희곤, 『새로 쓰는 이육사 평전』(지영사, 2000) 참조.

재건설준비위원회 활동을 전개하였다.[37]

10. 혼맥으로 얽힌 명가의 독립운동

경북북부지역의 안동문화권이 가진 특징은 민족문제에 대응하는 에너지가 철저하게 집약적이었다는 점이다. 그 결속력이 퇴계학맥 계승자라는 씨줄과 통혼권이라는 날줄로 엮여 있다. 그러한 대표적인 사례를 보자.

예안 의병장 이만도의 경우, 동생 이만규도 의병에 참여하였다. 그리고 이만도의 아들인 이중업도 의병에 참가했고, 파리장서 기획 단계부터 지방 확산 단계까지 한 축을 맡았다. 그의 큰아들 이동흠은 광복회에, 작은아들 이종흠은 제2차 유림단의거에 참가했다. 이중업의 아내 김락이 3·1운동에 참가했다가 실명했다는 이야기는 앞에서 이미 밝혔다. 이중업의 큰처남인 김대락은 큰동서인 이상룡과 함께 만주로 망명하였다. 큰처남 혼자서 떠난 것이 아니라, 처가의 작은처남과 처조카들이 모두 동행한 것이니, 그 많던 처가 식구들이 모두 만주로 망명한 것이다. 더구나 이중업의 맏동서인 이상룡도 고성이씨 문중 30여 호를 이끌고 망명하였다. 그러니 이중업이나 그의 아내 김락으로서는 한쪽 팔이 없어진 것 같은 느낌이었을 것이다. 더구나 그것도 부친

37) 김희곤 외, 『청송의 독립운동사』(청송군, 2004), 279~290.

이만도가 24일 단식하여 순절한 지 두 달 남짓하던 시점이었다. 그리고 이만도의 큰집 종손 이원일도 망명하여 만주에서 활약하였고, 김동삼과 사돈이 되었다.

한편 이상룡은 큰처남인 김대락이 이끄는 의성김씨 천전 문중과 함께 망명길에 나섰다. 그 길에는 매부인 박경종이 이끄는 무안박씨 문중도 동행하였다. 박경종은 영해에 자리 잡은 무안박씨의 종손이었다. 또 김대락은 울진의 평해 사동에 근거를 둔 황씨 문중과 사돈 간이

【향산 이만도 집안 가계도(포상자를 중심으로)】

【향산 이만도와 혼맥으로 엮어진 독립운동가 집안】

1. 이만도 ─ 이중업(김대락 막내매부) ─ 이동흠 · 이종흠

   　　　　　　　　　　　　　　　김용환(김성일 종손)

   　　　　　　　　　　　　　　　류동저(류치명 증손자)

   　　　　　　　　　　　　　　　＊동생 이만규도 의병 출신

2. 김진린 ─ 김대락(이중업의 큰처남) ─ 김형식

   　　　　　(김효락)　　　　　　─ 김만식 · 김제식

   　　　　　(김소락)　　　　　　─ 김조식 · 김홍식 · 김정식

   　　　　　(김정락)　　　　　　─ 김규식 ─ 김성로金成魯

   　　　　　김우락(이상룡의 처)

   　　　　　김락(이중업의 처)

3. 이승목 ─ 이상룡(상희) ─ 이준형, 강호석(사위)

   　　　　　이상동(용희) ─ 이형국 · 이운형

   　　　　　이계동(봉희) ─ 이문형(광민) · 이인형(광국)

   　　　　　박경종(박우종, 사위)

   　　　　　＊권세연은 이상룡의 외숙, 김도화는 이상룡의 종고모부

었다. 이들도 동행한 것은 다시 더 말할 이유가 없다.

　　그리고 이중업의 큰사위는 의성김씨 김성일의 종손으로서 서간도
지역에 대한 자금지원을 맡은 의용단 서기로 활약했다. 김용환의 딸
김후웅은 청송의병의 주역 서효원의 손부가 되었다. 그리고 작은사위
인 류동저는 전주류씨 류치명의 종가에서 태어난 인물로 안동에서 사
회운동에 참가하였다.

11. 민족문제와 전통 명가의 대응

민족문제가 발생했을 때 이에 대응하는 양상은 다양했다. 한편에서는 목숨을 바쳐 순국하는가 하면, 다른 한편에서는 침략자의 앞잡이로 살아가기도 했다. 여기에서 살펴본 인물들은 역사적 책무에 앞장선 인물과 집단이다. 그들이 역사적 책무를 깨닫고 그것을 실천으로 옮기는 과정에서는 기득권을 모두 팽개치고 수백 년 이어온 전통과 명예를 모두 잃는 경우가 허다했고, 귀한 목숨마저 서슴없이 내던지는 경우도 많았다. 그 가운데서도 가장 힘든 일은 조상으로부터 물려받은 역사적 전통을 버리는 것이었다. 그러면서도 다른 한편으로는 계승하는 전통도 있었다. 그것은 바로 정의를 지켜 나가는 신념과 행동이었다. 특히 민족이 국가를 잃게 되자 자신의 안일과 부를 쉽게 포기하고 모든 것을 던져 넣었다. 그것이 바로 배우고 가진 자의 역사적인 책임, 즉 Noblesse Oblige였다. 그러한 인식이 사회혼란기에 삶을 지탱해 주는 등대불이다. 대다수의 문인들이 도도한 친일탁류에 휩쓸리거나 앞장설 때, 이육사가 지켜 나간 길은 그의 표현대로 '어릴 때부터 자신을 무겁게 누르는 규범', 즉 Noblesse Oblige라는 인식이 확고했기 때문이다.

안동문화권은 민족수난기에 가장 많은 독립유공자를 배출한 곳이다. 안동과 주변 시군을 합치면 독립유공자로 포상된 인물이 대개 7~8백 명이나 된다. 퇴계학맥을 계승한 인물들이 강한 의리정신과 대의명분을 가지고 향촌사회를 유지하면서, 민족모순에 대해 역사적 책임감을 통감하고 몸 바쳐 나선 결과이다.

현재 우리 사회는 개인이기주의와 집단이기주의로 가득 차 있다. 국가와 민족의 이익은 아예 뒷전이고, 더러 '국가와 민족'이라는 말을 앞세우는 경우에도 결국 자신의 이익과 소속된 집단의 이익을 위해 몸부림치고 있다. 거기에는 체면도 없다. 이미 저급한 문화가 온 사회를 뒤덮고 있기 때문이다. 사회운동의 방향이 고급문화를 지향하기보다는 저급문화를 표준으로 삼았던 데 심각한 문제가 있고, 그 결과 집단이기주의와 저급한 언어문화가 온 사회를 병들게 만들고 있기 때문이다.

지금 민족이 국가를 잃어 가고, 또 잃은 뒤에 유수한 문중들이 벌인 독립운동을 되새겨 보는 이유는 곧 오늘의 시대적 과제에 대한 합당한 자세를 찾아보는 데 있다. 이 사회에서 조금 더 가진 자, 조금 더 배운 자의 역사적 책무가 무엇인지 정확하게 헤아려 보아야 한다. 국민에게 책무를 요구하기에 앞서, 상층부의 인물들이 먼저 자신을 드러내 보이고, 무릎 꿇고 봉사하는 정신과 실천이 어느 때보다 필요한 시점이다. 그러한 인식이 교육 현장과 사회운동 현장에서 확산되어야 한다. 또 지금은 역사적 책무를 다한 가문이나 인물 집단의 후예들에게 자긍심을 고취시킬 수 있는 바람직한 정책실천이 긴요한 시점이다. 망명지에서 돌아온 후손들이 조상의 집을 지켜 내지 못해 국가에 헌납한다는 선언이 나오는 일이 없도록 도와주어야 한다. 그것이 역사를 바로 세우는 일이기 때문이다.

제5장

유교적 전통과
종부宗婦 정신

강혜경
(서강대학교 사회과학연구소 선임연구원)

1. 유교 전통과 종부

이 글은 유교 전통적 지식을 습득 체화한 근현대 한국 종부宗婦들의 사례를 중심으로 분석한 유교 여성의 도덕성에 대한 탐구의 일환이라 할 수 있다. 유가체계가 가부장적 남성중심적 틀을 견지한다고 할지라도 그 이념하에서 행해진 유가 도덕적 실천은 남성들에게만 국한된 것이 아니라는 점에서 유가 여성들의 도덕적 실천들과 그 사유를 분석해 보고자 하는 것이다.

한국 사회에서는 종가宗家가 받는 특별한 사회적 존경이 있다. 그것은 아마도 유교 전통의 덕목들을 실현하는 집단에 대한 경의의 표시일 것이다. 그럼에도 불구하고 종가 전통은 부계 혈통계승이 현대의 민주적, 성 평등의 차원에서 혈연적 연고주의, 집단 이기주의, 그리고 젠더불평등의 표징으로서 넘어야 할 장벽이기도 하다. 이렇듯 현대 한국 사회에서 유교문화는 전통이 갖는 문화적 지속성과 현대적 변화라는 두 가지 모순을 가진 아이러니한 실재(reality)라고 할 수 있다. 한국 사회에서 종가는 '현재 속에 존재하는 과거' ―과거를 고스란히 현재에 품고 있는― 라 할 수 있으며, 종부는 과거와 현재적 삶을 동시에 살고 있는 유교적 여성이다.

유교적 삶이 여성들에게는 억압적, 고달픈 삶이며, 삶을 통틀어 전적인 희생과 양보를 요구한다는 사실은 한국 여성들 사이에 이미 일반화된 상식이며, 그러하기에 종부로 산다는 것은 삶의 힘든 결정이 아닐 수 없다. 유교적 행위 방식 및 내용이 적어도 남성이 아닌 여성들에게는 평등하지 못한 짐이라는 관념에도 불구하고, 한국 여성들은 왜 종부라는 전통적 여성의 삶의 방식을 ─한국 여성 대다수가 그러하진 않을지라도─ 수용하는 것인가? 유교문화가 전통사회의 박제화된 유물이기보다 우리의 실천적 삶 속에 녹아 있는 무의식적 의식이라고 할 때, 여성들이 그러한 관념들을 배척하지 않고 삶의 조건으로 포용하고 있다는 사실은 무엇을 말하는가? 이는 지금까지 정당하게 의미를 부여받지 못했지만 유교의 여성적 가치들이 젠더적 차원에서 사회적으로 가치 있음을 의미하는 것은 아닌가? 그 가치로움이란 부계적 권력구조에서 형식상 소외되고 배제된 모계적 계보의 보이지 않는 힘들이며, 잠재된 한국 여성들의 도덕적 힘은 아닐까?

이러한 문제의식은 근현대 종부를 통해 유교적 여성의 도덕성에 대한 탐구로 이어지게 된다. 지금까지 유교 이념이 가진 도덕성은 절대적으로 남성의 도덕성을 몰젠더적으로 주제화하여 왔다. 유교문화에서 남성의 도덕성은 군자를 이상으로 하는 선비 정신으로 요약된다. 그렇다면 한국 여성들은 유교문화의 공동 수행자(agency)이면서도 도덕적 주체가 아니었던 것일까? 종부는 종법적 역할 수행의 주체이지만 유교체계하에서는 아무런 권위도 갖지 못한 채 다만 가문 유지를 위한 도구적 존재일 뿐이었던 것일까? 이 지점에서 종법주의가 부여한 남성 중심의 권력은 종부 연구를 통해 등가적 권력으로 설명되어질 필요가 있다. 그러한 설명이 가능하기 위해서는 종법이 남성에게 제도화된 권력을 부여한 이면에 종부의 능동적인 역할 행위에 수반된 도덕적 삶에 대한 적절한 의미부여와 여성의 유가적 실천 양식에 대한 새로운 해석

작업이 수반될 필요가 있다.

이 연구에서 필자는 첫째, 유교를 인간 행위와 동떨어진 추상적 원리로 생각하는 대신 유교문화를 한국 여성의 실천에 녹아 있는 배경 이해(background understanding)로 받아들여 궁극적으로는 한국 여성의 유교 도덕성의 가치를 현대적 의미 창출의 근거로 재해석해 보고자 한다. 둘째, 그와 더불어 유교문화가 현대 한국 사회의 다인종·다문화 적 삶의 지향성에 부정적 요인을 제공하는 측면이 존재함에도 불구하고, 역설적으로 유교 전통이 한국인의 의식을 잠식한 부분들에 대한 보다 면밀한 분석 또한 동시에 이루어질 필요가 있음을 강조하고자 한다. 본 연구는 종부들을 만나 보고 또 그들의 삶의 현장조사를 통해 얻어낸 경험적 자료에 근거하여 쓰인 하나의 문화기술지(an ethnography)의 일부분이다.

2. 종부를 통해 본 양반문화

1) '양반兩班'과 양반문화

(1) 현대사회의 종가와 양반의 관계

조선조 사회 지배 엘리트의 명칭으로서의 양반은 영유領有신분 (estate)이 아니라, 하나의 열려져 있는 신분 집단(status group)이었다. 양반의 지위[1]는 일단 획득되면 그 지위 획득자의 부계 후손들의 계속되는 세대를 통해서 양도되었다. 양반의 신분은 용어의 원칙상 성취 대 귀속이라는 이중적 구조를 가지고 있어서, 기본적으로 주요한 원칙으로서 성취가 작용하고 부가적 원칙으로서 귀속이 작용하는 열려진 신분이었다. 양반은 일차적으로 생산수단의 소유 여부에 따라서 정의되는 계급이 아니라 신분 집단이다. 따라서 잔반殘班은 심지어 그가 더 이상 아무런 토지를 가지고 있지 않더라도 양반으로서의 사회적 위신을 보유할 수 있었다. 신분집단은 일차적으로 사회적 위신에 의해서 정의되어지며, 양반과 귀족 이 양자는 이러한 측면에서 신분집단이라 할 수 있다.

---

1) 조혜인에 의하면, 조선의 양반 엘리트의 통치는 (서구의) 봉건적인 영유신분보다 더 발전된 형태가 될 수 있는 가능성을 가지고 있었다. 즉 어떤 사회라 하더라도 심각한 지정학적인, 또는 종교적인 장애가 없다면 정체의 중앙 집중화 경향(추세)을 띠며, 하나의 정교화된 정체 그리고 지식인을 막료로 두는 것은 봉건적 배열로부터 보편적 결과로 나타난다. 조선 사회는 이러한 측면에서 서구에 비해 조건상 유리한 측면이 있었다. 각 사회마다 정체의 구체적인 유형도 변하고 지식인 집단들의 구체적인 성격들도 변화하며, 관리들이 충원되어지는 방식 또한 각 문화마다 다를 수 있으나, 어쨌든 기술과 지식이 훈련과 교육을 통해 획득되는 한, 일반적인 경향은 귀속이 점점 더 지배적 계층을 위한 자격 요건 획득 원칙으로서의 성취에 의해 약화된다고 볼 수 있다. 기존에 제시된 조선왕조 초기 양반 엘리트와 '상민'(general people) 사이에는 서구적 의미의 '상민'과 '賤民'(based people) 사이에 있었던 것과 같은 세습적 장애물이 존재하지 않았다는 주장에 근거하여, 그는 이 점이 애초에 양반이 귀속적 지위가 아닌 열린 지위이며, 이로부터 세습호가 가능했던 독특한 신분집단이었음을 말해 주는 것이라 보았다. 조혜인, "Yangban as an Upwardly Open Elite Status Group: Historical-Structural Tracking in Comparative Perspective", *The Review of Korean Studies* vol. 1(1998) 참조.

양반의 직업적 원형은 관료로서, 조선시대 양반이 관료의 위치에 이르는 근본적인 통로는 과거였다. 관료의 등용문인 과거를 보기 위해서는 장기간의 집중적 면학勉學이 필요하다. 그런데 이러한 수학기간을 뒷받침할 수 있는 경제적 배경이 무엇보다도 필수적이다. 농업을 기반으로 한 사회에서 양반은 근본적으로 지주층이라고 할 수 있으며, 잠재관료층에서 과거에 합격한 후 실제 현직顯職을 받을 수 있는 인원은 아주 극소수밖에 되지 않는다. 초기 양반의 개념이 적용되는 범위는 얼마 되지 않으나 18세기 중엽 이래 호적대장戶籍臺帳에 나타난 양반 수는 급격히 상승하였다. 이는 조선 중기 이후 가부장제가 확립됨에 따라 문중의식이 강화되고 이에 따라 양반가문이라는 의식도 확산되어 양반의 적용범위가 늘어난 것으로 볼 수 있다.[2]

양반이란 사회적 지위는 문중門中 단위로 획득되며, 당내堂內와 같은 좁은 범위의 집안 차원으로 구분되지는 않는다. 조옥라에 따르면, 지방마다 약간의 차이가 있지만 안동지역은 어느 곳보다 조직화된 출입出入이 양반들 사이에 빈번한 곳으로, 이곳에서는 원시조가 양반이냐 보다 중시조가 얼마나 학식이 높았는가, 관직을 가졌는가에 따라 소위 양반의 '격格'이 정해진다. 그러한 중시조의 직계손을 중심으로 집단 거주하는 동족부락이 양반이라는 사회적 지위를 견지하는 데 중추적 역할을 한다. 자손들은 유학儒學에 따라 제사나 서원향사書院鄉祀

2) 조옥라, 「現代農民社會와 兩班-인류학적 사례조사를 중심으로 한 시론」, 『진단학보』 제52호(1981).

를 엄격히 지킴으로써 유학자였던 조상과의 일체감을 도모한다. 각 문중의 조상들이 사제지간師弟之間이었던 경우에는 그들의 자손들도 긴밀한 관계를 유지한다. 특히 유림의 행사인 향사의 모임을 통해 그러한 관계가 재인식되며, 서로 혼인을 맺는 경우도 많아 서로의 결속과 견제를 한다. 그렇게 뚜렷하게 내세울 만한 중시조나 그 종가를 갖추지 못한 상민들과 양반의 사회적 구별은 엄격했고, 현재에도 상당히 서로 거리를 두고 지내는 것이다.[3] 이러한 경향은 현 시점에서도 크게 다르지 않아 보인다. 따라서 한국의 종가문화는 '양반' 혹은 양반문화와 떼려야 뗄 수 없는 관계인 것이다.

(2) 양반 의식의 지속

조선 사회의 성리학이 사회의 토대로 자리 잡는 과정에서 학문적 성취와 관료체제로의 진입에 유리한 문사 출신들은 성리학의 이론적 지향에 따른 학통을 전개시켰다. 사화士禍와 같은 여러 정치적 소용돌이를 겪으면서 사림을 형성하였고, 향촌에 정착한 사림들이 지역사회를 지배하면서 양반문화가 형성되었다고 할 수 있다.

---

3) 조옥라에 따르면, 안동지역의 양반 계층이 보여 주는 특수성을 완화하기 위해 보충 자료로 분석된 전라북도 정읍의 경우 그 양상이 좀 달리 나타난다. 그곳의 양반은 조상이 벼슬을 한 사람이며 유학자라는 원칙에서 안동과 별 차이가 없으나, 다른 양반 문중들과의 상호 교류는 그리 빈번치 않다. 전북 정읍지역에서는 出仕을 한다는 것이 사회적 중요성을 띠지 않으며, 文學의 사회적 기능도 두드러지지 않다. 상세한 내용은 조옥라, 「現代農民社會와 兩班」, 『眞檀學報』(1981), 79~95쪽 참조.

조옥라에 따르면, 지방에 따라 양반이라는 명칭 속에 내포되어 있
는 의미는 상당히 다양하게 나타나지만, 한 마을에 장기간 거주하고
있는 경우 누가 양반이며 누가 양반이 아니라는 것은 분명히 인식되고
있다. 안동지역의 경우 주변 시장권市場權 내지 같은 군내郡內 어느 집
이 양반이며, 어느 집은 아니라고 손쉽게 분류되기도 한다. 특히 양반
들의 사회적 활동은 그들이 갖는 혈연집단성과 유림집단으로서의 기
능이 중복되어 나타나는데, 안동을 중심으로 한 여러 서원향사에 참석
하거나 각종 유림행사에 참여하는 기회를 통해 양반집안 간의 혼인婚
姻들이 이들 출입인出入人들 사이의 교섭으로 이루어지는 수가 많다.
현재 타 지역에 비해 이 지역에 보수적 양반 전통이 많이 남아 있는 것
은 이와 같은 집단적集團的 양반만의 행사가 어느 지역보다도 조직적으
로 지켜지고 있기 때문이다.[4] 현재도 이러한 조직적인 집단적 양반 활
동이 지속되고 있음으로 인해 이 지역 양반 후손들의 의식 근저에는
유학에 대한 우월감과 문중의식이 지배하고 있다고 할 수 있다.

2) 양반 여성으로서의 종부

(1) 혼반婚班에 의한 혼인 : 연줄혼, 중복혼

종부는 일반 여성과는 다르게 종법적 지위에서 획득되는 지위이

---

4) 조옥라, 「現代農民社會와 兩班 — 인류학적 사례조사를 중심으로 한 시론」, 『진단
학보』 제52호(1981).

다. 종부에게는 문중의 제사를 책임지고 수행하며, 문중과 종택에 찾아오는 손님을 맞아 접대하는 역할이 주어진다. 종법적 관례를 내면화하여 실천하는 종가에서 특히 종부들의 역할은 대외적이지 않지만, 각 문중 간의 출입出入이라는 장치를 통해 가문의 위상과 격을 드러내게 된다는 점에서 종부의 역할은 의미 있고 또 때에 따라서는 큰 역할 중의 하나라 할 수 있다.

혼반婚班은 양반가문 간에 이루어지는 혼인을 일컫는다. 혼반이 중요한 이유는 어느 가문과 혼인을 하는가에 따라 가문의 지체가 판단되어졌기 때문이다. 같은 양반층일지라도 반격班格이라는 등급 차가 있었던 까닭에 배우자의 인격, 당파黨派, 학맥學脈은 혼인을 결정하는 중요한 요소로 작용하였다.

종가인들과 비종가 사람들 간에는 혼인 관계에서 차이가 있다. 그것은 몇몇 두드러진 씨족집단 혹은 가문끼리 혼반의 규칙이 존재하기 때문이다. 지방의 유명 종가들은 조상들의 학문적 전통에 따라 어떤 혼반의 원칙을 고수하고 있었는데, 이는 중복혼의 관계망이 누대에 걸쳐 이루어지고 있음에서 확인할 수 있었다.

특별히 종가인들의 경우, 혼반은 가문 간의 격을 맞추고, 혼인에 있어 '길혼吉婚'인가 혹은 '흉혼凶婚'인가를 따져 혼인 관계에서 어쩐지 '재미'가 괜찮은 문중과 연속적으로 인척 관계를 맺게 된다. 이러한 이유로 길혼의 경험이 있는 문중들 간에 통혼 관계가 반복해서 이루어지는 일들이 생겨나면서 혼반은 연줄혼을 낳았다. 조강희[5]의 연구에 따르면 영남의 반가는 몇 세대에 걸쳐 중복혼이 두드러지며 이를 통해

이 지역의 학맥이 혼반으로 강하게 결속되어 있음을 밝히고 있다. 필자가 만난 대다수 종부들이 친가와 시가 간에 친족들이 서로 '오고 간' 혼인을 통해 연결망이 형성되어 있음을 알 수 있었는데, 이는 문중 간에 당내 교환 관계가 이루어지고 있음을 보여 준다. 주로 친가의 '고모' 나 '사촌' 이 같은 문중으로 시집을 오고 그들에 의해서 중매가 주선되기도 한다. L종가 종부는 친정이 '만석살림' 을 하는 부유한 가문이었으나 종가는 아니었다. 혼인 말이 날 당시 L문중으로 시집을 간 '종고모' 로부터 '00당 종가가 못산다' , '00 처녀가 쌀 한 말을 먹고 시집가기 어렵다' 고 하는 말을 들었지만, 조부의 권고와 시집이 '종가' 라는 이유로 혼인해 왔다고 하였다.

(2) 명망가의 여성 : 종녀宗女

현대사회의 대부분의 종부들이 반가의 여성이라는 점은 필자의 사례에서도 확인된다. 종가 전통에서는 반가의 전통이 제례를 통해 지속되므로 제례의례를 생활화하고 몸에 익힌 여성들이 주로 선호된다. 이는 가문의 격을 반가의 여성 혼입으로 유지한다는 점과 더 나아가 종가적 배경을 가진 종녀를 선호하는 중요한 이유이기도 하다.

본고에서 종녀는 사례 10명 중 50%에 해당한다. 종가의 직계 여성으로 태어난 이들은 대다수 엄격한 혼반의 규칙을 따르는 것이 보통이

---

5) 조강희, 「嶺南地方 兩班家門의 혼인에 관한 硏究」(영남대학교 박사학위논문, 1996).

다. 특히 맏종녀는 대부분 종가로 혼인을 하였는데, 본 사례의 경우에서도 확인된다. 재령이씨 E종가, 재령이씨 K종가, 광산김씨 U종가, 진성이씨 N종가 종부 등 4명이 맏종녀로서 종부가 된 경우이다.

H종가의 종부의 경우, Y종가의 셋째 딸이었지만 종녀라는 사실이 이 문중 여성들뿐 아니라 종가인 모두의 자부심이 되고 있었다. Y종가와 H종가는 조선시대 이래 영남의 퇴계학풍의 학연과 혼반으로 강하게 결속되어 있는 가문들이다. 두 가문 간에는 누대에 걸쳐 혼반이 형성되어 있었고, 중복혼의 성격이 두드러지는 특성을 보였다. 이 지방에서 가장 격이 높다고 하는 Y가문의 직계 자손인 종녀를 종부로 맞아들였다는 사실은 H종가의 격을 한층 격상시키는 효과를 가지기에 충분하였다. 양반의 사회적 지위가 문중 단위로 획득된다는 점에서 'Y선생'의 자손이라는 점은 확실한 가문적 배경을 상징적으로 드러내 주는 것이 된다. 한 가문의 성격을 규정하는 것은 직계조상이 어떤 인물인가에 맞추어져 있기 때문이다.

K종가의 종부 역시 봉화 해저마을 P종가의 종녀로, 불천위 조상을 둔 집안 출신이다. 남편(종손)의 숙모가 해저 출신으로 이 문중에 시집을 왔고, 종손의 숙모가 중간에서 중매를 하였다고 한다. 특히 종부의 친정아버지가 학문적으로 'K선생을 매우 좋아해서' 혼인이 결정되었다고 한다. 당시 K종가는 경제적으로 피폐하고 정치적으로도 매우 고단한 종가였지만, 아버지의 권고가 컸다고 한다. 대부분의 종녀가 종부로 시집을 가는 것은 가격家格에 걸맞은 혼사였고, '이름 있는 선조의 집안'으로 출가시키는 것은 종가의 혼인에서 가장 중요하게 고려

하는 점이었다.

H종가 종손은 '연애란 것을 할 생각도 없었지만, 앞으로 다른 종 갓집보다 더 관리를 하고 보존하려면 종부가 잘 들어와야 된다'고 생 각했다고 한다. 특히 배우자 될 사람이 '전국에서도 우러러보는 큰집 이고, 거기서 태어나고 커 오면서 모든 종가 의례에 참여하고 경험했 던 사람'이라는 점이 혼인 결정에 가장 큰 이유였다고 한다. 결국 두 가문 간의 혼인 관계는 '후손의 번창'을 위해 대를 이어야 한다는 조건 보다, 명망가의 여성을 배우자로 맞음으로써 양반가문의 관습과 규범 을 그대로 계승하고 가문의 위상을 높일 수 있다는 점을 우선 고려하 여 이루어졌음으로 이해된다.

종가가 조선시대 붕당정치체제하에서 일련의 사화士禍들과 관계 있었다는 점에서 볼 때, 사림들의 향촌의 정착은 성리학적 학맥을 형 성하여 동일 학맥 간 혼반을 통해 거점화할 수 있었다. 조선시대의 종 가를 중심으로 한 동성촌의 형성은 실제 향촌사회에 세밀한 혼반의 규 칙들을 낳게 되었던 것이다. 오늘의 입장에서 여전히 지속되고 있는 종가집단의 혼반의 규칙은 과거 조상들이 그랬던 것처럼 당시의 권력 과 위세를 유지하고자 하는 현대 한국의 혈연이데올로기에 입각한 씨 족주의적 관념이 만들어 낸 욕망을 반영한 것으로 이해된다. 혼반은 혼인 관계를 통해 문중의 범주에 들어갈 수 있다는 점과 양반의 후예 로서의 조건을 만족시키는 사회적 인정의 최대의 관건이 되며, 이들에 게 매우 중요한 관계망 형성의 조건인 것이다. 특히 종녀의 혼입은 가 문의 위상을 격상시키는 상징적 효과를 갖는 것이다.

조선조의 가부장제는 오늘날 종가의 생활에까지도 영향을 미치고 있다. 조선조의 가부장제를 유학의 음양사상과 실제 정치제도를 통해서 분석할 때, 조선조의 가부장제는 두 가지 원칙, 즉 체제의 질서유지를 위한 위계성(반상관계)과 남녀의 유별성에 입각한 역할의 분담과 보완이라는 원칙에 의해서 구축되었다고 할 수 있다.[6] 이 원칙은 조선 사회가 이전 사회와는 달리 주자학과 문중조직 그리고 신분제에 의한 부계 친족집단이 형성 지속됨으로써 공고한 가부장적 토대를 마련할 수 있게 하였다.[7]

현대사회의 종가집단은 반상에 의한 신분제적 질서가 타파되고 근대적 생활 세계 안으로 편입되었음에도 불구하고, 내면으로는 종법주의적 틀을 그대로 유지하고 있다. 특히 불천위 제사의례의 계승은 현대사회에서 여전히 문중을 조직화하고 친족구성원들을 문중 일원으로 흡인하는 중요한 기제로 작동하고 있으며, 제례 의례에서 종부의 역할은 노동력 확보의 리더십과 종가와 마을 사람들의 유기적 관계를 도모하는 가장 구체적 행위자라 할 수 있다.

---

6) 이순형, 『한국의 명문종가』(서울대학교 출판부, 2000).
7) 조옥라, 『한국 여성 연구 Ⅰ』(청하, 1988).

3. 종부의 유교 도덕적 실천의 특성

1) 여성주의 윤리(feminist ethic)와 유교 여성의 관계윤리

(1) 여성주의 윤리의 도덕성(morality)

도덕성은 한 사회에서 수용할 만한 행동을 담은 코드와 관련 있다. 도덕성의 본성에 대해 말할 때, 그것은 대부분 사회의 본성에 관한 이해와 관계가 있다. 유교윤리와 여성주의 윤리의 탐구에서, 유교사회와 돌봄 관점의 여성주의 윤리학에서 이해하는 사회가 '비계약적 사회'(non-contractual society)라는 점에 주목할 필요가 있다.[8]

종가를 중심으로 한 유가적 전통이 현대 한국 사회에서 수용되고 있는 것은 한국인들의 의식 속에 유가적 도덕성이 의미 있게 구현되어 왔기 때문이다. 이는 조선시대 양반의 의미가 역사적 경험 속에서 유가의 주지주의 흐름을 반영한 것과 무관하지 않다. 그런데 유가이념의 담지자로서 종부의 도덕성에 대한 탐구는 유가적 도덕성과 여성주의

---

8) 유교윤리를 개진함에 있어서, 유교사회에서는 개인의 권리 위에 도덕성을 정초하지 않는다. 공자에게 있어서, 개인의 권리 개념은 도덕성 안에서 사유되지 않는데, 즉 유교의 도덕성은 아들, 형제, 아버지, 더 나아가 통치자와 통치자의 지배하에 있는 신민들로서의 그들이 사회 속에서 어떻게 적절한 역할을 담당하는가의 문제이다. 유교사회의 비계약적 사회의 속성은 인간관계들을 仁으로 인도함에서 찾을 수 있다. 공자는 仁을 멀리 있는 것이 아니라 우리 주변에서 발견할 수 있는 것이라고 말한다. 공자의 인, 다시 말해 유교의 인은 상대방을 사랑하고 배려하는 것이며, 이것이 도덕성의 기초를 형성한다고 할 수 있다.

도덕성이 동시에 고려되이야 한다.

여성의 도덕성에 관한 논의는 서구 여성주의 윤리학(feminist ethics)의 중요한 이론적 기반이다. 길리건[9]의 여성의 도덕적 발달이 남성의 그것과는 상이한 경로를 나타낸다는 주장 이후 여성주의 이론과 방법들에서 다양한 논의들이 전개되어 왔다.[10] 이러한 새로운 모색의 쟁점 중의 하나는 여성들이 갖는 사유방식에 대해 긍정적 해석을 부여하려는 이론적 경향을 지적할 수 있다. 길리건 이후 여성주의 윤리를 주장하는 일군의 여성주의자들에 의해 여성성(femininity)은 새롭게 그 이론적 실천적 함의가 강조되기 시작했으며, 그것은 여성들에게 여성주의 미덕(virtue) 혹은 가치가 있다는 것에 동의하고 이에 근거한 여성주의 윤리를 보다 진전시키는 것이었다. 이들 학문적 경향에서 나타나는 하나의 조류는 양육에 대한 기꺼움, 돌봄에 대한 친화성 혹은 관계 지향과 같은 '전통적 여성주의 미덕'에 긍정적 가치를 부여하려는 시도이다. 이에 대한 많은 논쟁에도 불구하고 여성의 돌보는 자로서의 전통적 여성 역할에 정초한 윤리학 가치에 대한 논쟁이 시작되면서, 기존

---

9) Gilligan Carole, *In A Different Voice: Psychological Theory and Wome' s Development*(Cambridge: Harvard University Press, and Politics, 1982).

10) Tong Rosemarie, *Feminine and Feminist Ethics*(Wadsworth Publishing Company Belmont, California A Division of Wadsworth, Inc., 1993); Jaggar Alison(eds), *Feminist Politics and Human Nature*(Totowa, N, J.: Rowman and Allanheld, 1983); Held Virginia, *Feminist Morality: Transforming Culture, Society, and Politics*(The University of CHICAGO Press, 1993); Card Claudia, *Feminist Ethics*(University Press of Kansas, 1991) 등.

의 여성의 도덕성을 부인하는 일련의 철학적 도덕 이론들은 여성주의
자들에 의해 근본적으로 문제제기 되기 시작하였다.

(2) 유교 여성의 관계윤리

전통사회에서 여성에게 요구되는 유교적 미덕은 포괄적 의미에서
의 부덕婦德이라 할 수 있다. 사실 부덕은 유교가부장체제 유지를 위해
유교사회의 여성을 규정한 이데올로기였다.[11] 여성의 순종과 인내, 희
생의 존재방식을 덕목으로 미화하여 여성의 희생적 삶을 은폐한 것이
다. 특히 부덕은 여성의 훈육과 교육에 있어 '실천적' 성격을 띠는 것
으로 여성의 4가지 덕, 즉 부덕婦德, 부언婦言, 부용婦容, 부공婦功을 포
함하는 것이다. 이른바 여성에게 요구되는 유교의 원리는 일상생활의
실천 속에서 검증되어야 했다.

---

11) 婦德이란 말 그대로 부인에게 요구된 덕목으로서 개념적으로 제시된 것은 유교
  경전인 『禮記』가 그 시작이다. 부덕의 정의를 보면, 여자는 남자의 가르침대로 그
  의리를 습득하는 것을 말한다. 여기에 여성의 주체성을 배제한 삼종의 도를 포함
  하고 있다. 또한 여성에게 사람을 섬기는 도리로서, 즉 한 번 혼례를 올렸으면 남
  편이 죽더라도 개가할 수 없다는 것을 信義로 하고 있다. 臣子에 대한 君父의 권
  한을 정치적으로 강화하고 있는 가부장제적 권위주의의 논리가 여성에 대한 남
  성의 권한 강화의 작업으로 적용된 것이 부덕이라고 할 수 있을 것이다. 조선 사
  회가 송명의 신유교를 받아들이면서 특히 여성에게 주어진 부덕과 관련된 여성
  의 도덕성은 이러한 연장선에서 이해될 수 있다. 『내훈』을 위시한 조선시대 여성
  교육서들에서 여성의 말과 용모, 노동력, 심리적 차원에 이르기까지 세세히 규정
  된 부덕은 궁극적으로는 조선 사회의 유교가부장체제 유지를 위한 남성의 여성
  지배 방식이었다고 할 수 있다.

그런데 지금까지 유교 여성의 경험에 대해 도덕적 성격을 부여하는 논의는 거의 없었다. 이 점은 유가 여성인 종부들이 수행했던 역할과 그 의미들이 유교의 관계윤리 속에서 설명되어져야 할 이유가 되는 것이다. 드 베리(Wm. T de Bary)는 인격적인 개인은 공동체 안에서의 도덕적 개인이라고 지적하는데, 유교에서 상정한 개인은 바로 공동체 안에서의 도덕적 개인이다. 이러한 도덕적 개인은 또 다른 개인들과의 관계를 통해 존재의 의미를 키워나간다.

유교에서 남녀 구분은 다른 어떤 구분보다 인간관계에서 가장 기본적인 것으로 전제된다. 그러나 유교가 가진 관계성의 원리를 설명하고자 할 때 유교윤리의 원리적 측면에 그 연구 범위를 제한하여 설명할 필요가 있다.[12] 즉 유교의 원리적 측면에서 유교 관계주의는 외재적 차별을 유지시키는 한편 내재적 화해를 도모하는 '조화주의'를 전제하기 때문이다. 따라서 현대적 시점에서 유교의 관계윤리를 비판적으로 이해하기 위해서는 원리적 차원을 강조하기보다는 '관계성'에 주목하여 유교윤리에 내재한 새로운 관계적 윤리를 모색할 필요가 있다는 것이다. 유교의 관계적 원리에 따른 여성 억압의 상황이 분명히 존재할지라도 그 가부장적 억압의 상황은 다른 (서구) 문화권과 크게 다르지 않을 것이다.

유가의 내외규범에 의한 공간의 분리는 여성들이 친족과 가족의

---

12) 이숙인, 「유교의 관계윤리에 대한 여성주의적 해석」, 『한국여성학』 제15권 1호 (1999).

울타리 안에서 생활하게 됨으로써 친족이 중심인 '안'에서의 생활에서 친족 간에 조화로운 '관계질서'를 유지하는 것이 무엇보다 중요했다. 유가적 질서의 사회에서 여성이 정치적 영역에 들어가는 것은 절대적으로 금지되었지만 경제적 영역에서는 활동이 크게 장려되었다.[13] 유교 여성의 존재가치가 노동의 면에서 강조되었다는 점에서 종부들은 안채에서 권위를 가졌는데, 그러한 가정경제의 주도권 행사 및 그 위치성에 따른 관계적 실천은 종부로 하여금 다양한 활동(activity)을 가능하게 했다. 이는 여성들의 활동이 남성들보다 더욱 진취적이며 성취적 기질을 살려왔을 가능성을 유추할 수 있게 한다.

역사적으로 가부장적 현실이 단순하지 않은 문제이지만, 공적영역이 확대되고 복합사회로 갈수록 여성의 자율성이 억압되는 반면 남성의 지배가 철저해졌다는 점에서 볼 때, 한국의 가부장제가 안고 있는 구체적인 모순은 "공식적 권위로 이어지지 못하는 여성의 권력 행사"에 있을 수도 있다.[14]

그러나 종부들은 이미 시집가기 전 부모 혹은 조부모로부터 '순종'과 '인내'의 덕을 시집살이에서 가장 지켜내야 할 항목으로 훈육받았다. 즉 종부는 자신이 행할 것이 무엇이며 자신의 직분을 수행함으로써 이루어지는 덕이 무엇인가를 일상적 삶에서 만나는 일들에서 체득함으로써 실천하는 것이다. 그것은 곧 내가 속해 있는 사회(유교체

---

13) 조혜정, 『한국의 여성과 남성』(문학과 지성사, 1988), 82쪽.

14) 조혜정, 『한국의 여성과 남성』(문학과 지성사, 1988).

계)가 나에게 기대히는 바가 곧 자신의 의지가 되도록 정서적, 인지적 자아를 스스로 확립해 가는 과정에 다름 아니다.

2) 유가의 도덕성과 종부

현대의 종가는 유교적 세계관을 전통의 차원에서 계승한 집단이다. 유가 전통은 종가의 전근대의 시대적 경험 속에 고스란히 반영되어 있다. 우리들에게 식민지적 경험과 분단의 경험은 피해 갈 수 없는 역사적 경험으로서, 종가인들의 삶의 궤적 안에서 유교적 지향의 관념의 변모를 발견하게 한다. 종가의 중요한 행위주체로서 종부는 종손과 함께 이 역사적 경험 속에 유교 주지주의적 속성들을 간직하고 있었다.

조선 사회는 상하에 의한 차등주의−신분과 성별−와 친소에 의한 차별주의라는 사회를 조직하는 두 개의 이념축이 맞물려 작동되는 사회였다. 이것에 의해 성립하는 사회체계의 유지를 위해 행동규범체계가 필요했으며, 그것이 바로 유교의 예禮라 할 수 있다. 예禮는 결국 '관계'의 기술이며, 이때 관계는 '위상'과 '격차'를 적극적 현실적으로 인정한 바탕 위에 성립한 것이라 할 수 있다.[15] 종부는 유가의 원리를 현실화한 예를 체화한 젠더로서 종손과 함께 유가 전통을 잇는 행

---

15) 한도현, 「유가 예학의 사회이론과 공동체주의적 전망」, 『유교의 예와 현대적 해석』(청계, 2004); 김동노, 「유교의 예와 미시적 권력관계: 『소학』과 『주자가례』를 중심으로」, 『유교의 예와 현대적 해석』(청계, 2004).

위자이며, 종부들 개인의 역사적 사회적 경험 안에 유가 도덕성이 함축되어 있다고 할 수 있다.

(1) 현대의 양반 : 종가에 기반을 둔 도덕적 실천

현대 종가는 양반문화의 토대이다. 양반이란 낱말은 광범위하게 조선시대 지배계층을 뜻하지만, 그 지배층은 영국의 기사騎士나, 중국의 사대부士大夫, 일본의 무사武士(사무라이)와는 그 의미가 다르다. 지역 문중사회에서 현대 사회 양반의 관념은 구체적인 의미로 적용되고 있었다. H문중의 한 지손은 K마을—H종가가 위치한 곳—에서 태어나 자라다가 6~7세 무렵부터 외지인 인근 도시로 나와 살았다. 그러나 지금도 어디서 누군가에게 자기를 소개하거나 소속을 드러내야 할 경우가 생기면 '나는 K마을 사람이다, 나는 K마을 사람이라는 것을 잊지 않는다' 라고 말하고, 조상에 대한 강한 긍지를 가지고 있다.

유교에서는 개인을 생물학적, 역사적인 연속체 안에서 파악한다. 그리고 도道의 유기적인 과정 속에서 삶을 영위하는 존재로 생각한다. 근대 서구사상이 이성적이고 절대적 '개인' 을 전제한 것과는 달리 유교에서의 개인은 인격주의를 내포한다. 유교는 개인을 인류라는 거대한 유기체의 일원으로 보며, 사회를 개인과 분리하지 않고 타자와의 역동적인 관계 속에서 삶을 영위하는 존재로 보고 있다. 자신이 K마을 출신이라는 사실은 '나쁜 짓을 해서도 안 되고, 거기를 또한 잊어서도 안 된다' 고 하는 분명한 자기정체성을 갖게 한다. 이러한 정체성의 자부심은 자기 스스로 K마을 출신으로서 도리에 합당하게 살고 도덕적 실천을 행하고 있기 때문에, 더더욱 '우리는 촌수 10촌 내 남 도둑질하는 사람 하나도 없다'고까지 자부하게 된다. K마을 출신의 이 지손의 긍지는 경제적 부에 있지 않으며 오히려 청렴결백한 선비 혹은 양반의 식에 있다. '청렴하고 나쁜 짓을 안 하겠다는 마음, 돈을 모아야 된다는 마음을 갖지 않는 것'은 그가 K마을 출신의 양반의 후예라는 자존심과 정체성의 핵심이다.

더 나아가 이제 그런 마음은 양반 전통이 강한 이 지역에서 양반 개념을 새로운 의미로 재해석하고 있다. 즉 양반이란 '마음이 착하면 누구든지 양반이다'라고 정의 내리고 스스로 그것을 내면화한다. '천하의 상민을 상놈이라두 마음만 착하면 그 사람은 양반이며, 학문을 하고 도덕을 지키는 사람이 양반이다'라고 말한다. 여기서 학문은 유교적 가르침을 의미한다. 즉 현대의 양반은 유교적 지식에 입각하여 도덕적 실천을 하는 사람을 일컬으며, '나쁜 짓을 하지 않는 사람은 누구나 다 양반'으로까지 의미 부여된다. 더 나아가 그러한 착한 행실은 비록 양반의 후예가 아니더라도 양반이 될 가능성을 내포한 것으로 봄으로써 현대사회에서 양반의 개념이 지속·확대되고 있음을 알 수 있다. 이렇게 볼 때 반촌이 두루 형성되어 있는 사회에서 현대의 양반이란 말은 '점잖고 착한 사람'을 두고 쓰이고 있음을 알 수 있다. 그런데 이 마을의 지명이 갖는 의미는 K마을에 있는 'K종택' 즉, 종가를 말하는 것이다. 곧 K씨의 존재적 뿌리는 'K종가'에 기반을 두고 있는 것이다.

(2) 종부의 관계윤리 : 친족집단(타자)의 평가와 젠더화된 실천윤리

유교적 친족 구조에서 볼 때, 혼입한 여성인 종부는 친족관계의 위치성에서 다양한 역할을 수행하게 된다. 실제로 종부들은 증조부대인 3, 4대가 함께 사는 대가족 공동체에서 가족구성원들의 원만한 생활을 위해 가족질서 차원에서 자신의 자녀들을 우선적으로 '엄하게' 길러야 했다. 친족이 한 집안에서 살게 됨으로써 친족 질서 및 항렬을 고려하여 가족 질서를 조화롭게 꾸려 나가기 위해서는 '관계 중심적' 사고에서 역할 수행이 이루어져야 했다. 또한 종가를 찾아오는 손님들을 접대하며, 불천위 제사를 비롯한 종가의 여러 제사들을 수행해 내야 했으므로 복잡한 역할 수행상 경험하게 되는 다양한 갈등들을 종부는 스스로 '참아낼' 수밖에 없었다. 종부들에게 주어진 지식이란 내면화된 유교의 관계윤리를 위계화된 친족구성원들 사이에서 조화롭게 풀어 가는 실천적 행위로 구현되는 것이었다. 나를 내세우기보다 남을 배려하고 '말'이 아닌 '참음'과 '행동'이 종부의 실천적 관계규범이었다. 이는 유교의 관계윤리의 적용이 젠더적 차원에서 여성에게는 '부덕'의 실천으로 요구되었다고 할 수 있다. 여성의 부덕은 친족관계 유지에서 가시적 권력으로 인식되지 않았으며, 오히려 여성의 부덕 없음에 대한 평가는 현실 수준에서 친족구성원들의 비난이나 유교적 품격의 평판의 요인으로 작용하였기에 여성들의 유교의 관계윤리의 실천은 오롯이 여성 자신의 행위 실천 여부에 의해 평가될 수밖에 없는 예민한 것이었다. 그러나 종부들은 이미 시집가기 전 부모 혹은 조부모로부터 '순종'과 '인내'의 덕을 시집살이에서 가장 지켜 내야 할 항

목으로 훈육 받았다. 즉 종부는 자신이 행할 것이 무엇이며 자신의 직분을 수행함으로써 이루어지는 덕이 무엇인가를 일상적 삶에서 만나는 일들에서 체득함으로써 실천하게 되는 것이다. 그것은 곧 내가 속해 있는 사회(유교체계)가 나에게 기대하는 바가 곧 자신의 의지가 되도록 정서적, 인지적 자아를 스스로 확립해 가는 과정에 다름 아니었다.

역사적으로 가부장적 현실이 단순하지 않은 문제이지만, 공적영역이 확대되고 복합사회로 갈수록 여성의 자율성이 억압되는 반면 남성의 지배가 철저해졌다는 점에서 볼 때, 한국의 가부장제가 안고 있는 구체적인 모순은 "공식적 권위로 이어지지 못하는 여성의 권력 행사"에 있을 수도 있다.[16]

(3) 유교 주지주의적 정신의 담지자로서의 종부

종부들의 경험에서 자신을 포함하여 시집 구성원들의 삶 가운데 어려웠던 시기들이 대체로 일제강점기 이후부터 해방 후 6·25전쟁이라는 사건까지였다는 점에서 공통적이었음을 알 수 있었다. K씨의 사례에서 필자의 조사 대상 지역군의 하나인 안동지역에서는 '양반'이 가진 의미가 여전히 중요한 상징으로 자리하고 있었다. 전통시대에 '진정한 양반'은 '공부를 그렇게 많이 해서 과거에 급제를 해도 벼슬을 탐내지 않는 것'이었다. 그런데 현재의 양반 개념은 전통시대의 연장에서 일제강점이라는 역사적 경험 속에 '애국운동' 혹은 '독립운

---

16) 조혜정, 『한국의 여성과 남성』(문학과 지성사, 1988).

동'과 관련지어 재구성되고 있음을 알 수 있었다. 즉 진정한 양반이란 '나라가 위태로울 때 목숨을 바쳐야 양반이며, 나라가 위태로운데 놀고 편케 지내는 것은 양반의 정신을 잇지 않은 것'이다.

즉 양반의 전통을 계승한 표징은 '나쁜 짓을 하지 않는 착한 사람'이다. 그의 언설에 나타나고 있는 양반의 계보가 조선시대 임진왜란 당시 침략자들과 맞서 나라가 위태로울 때 기꺼이 목숨을 바친 의병운동 및 가깝게는 1945년 해방을 전후로 한 좌우 대립에서 대부분의 좌익운동 및 사회주의 활동을 했던 사람들에게까지 이어진다는 점이 이채롭다. 여기서 '나쁜 짓'이란 의롭지 않은 행위, 신념, 혹은 절개를 저버리는 것을 의미한다. 일제강점기 및 해방정국의 독립운동가와 사회주의 활동을 한 사람들 중 유가의 지식인들이 많았고, 이 지식인들은 '문객'들이었다. 이처럼 한국 근현대사를 잇는 일련의 일제강점 해방운동과 해방정국의 좌익운동의 주체들이 오늘날의 양반의 계보를 잇는 표징으로 설명되는 것은 현재적 양반의 개념이 지식을 갖춘 지식인들에 의해 근현대시대에 지속적으로 이어져 오고 있음을 함축하는 것으로 이해될 수 있다. 여기서 현대의 변화된 양반 개념 속에 유가의 주지주의적 경향이 담지되어 있음을 발견할 수 있다. 이로써 볼 때 현대 양반 개념의 의미 속에 주지주의적 속성이 발현되어 나타남은 유교의 지식이 부분적으로 현대에까지 유용한 자원으로 수용되고 있음으로 이해된다.

이 지역의 양반의식은 유달리 종가가 많이 분포되어 있다는 점과 종가와 문중을 통해 유가적 실천자들에 의해 양반의 정신이 계승되어

저 온 것에 근거한 것이다. 특히 양반 정신의 계승에는 안동지역 종가의 후예들(종손 혹은 종부와 함께)이 큰 몫을 담당했다. 종가의 종손들 중에는 근대적 교육을 받은 지식인들이 많았고, 이들 중 일부 종손들은 보다 직접적인 방식으로 일본제국주의에 맞서 종부 및 온 일가와 함께 민족의 해방을 위한 항일운동에 직접 가담하여 중국으로 망명길을 택한 경우도 많았다.

안동지역의 한 문중마을은 −풍산 오미동 P문중의 경우− 일제강점 때 마을 청년 70여 명이 독립운동 및 항일운동에 가담하여 옥고를 치르고 그중에는 사회주의 활동을 하여 월북한 이들도 상당한 수에 이른다고 한다. 필자가 직접 P마을에 갔을 때 이 마을 촌노村老를 통해 당시 마을을 떠난 지식인 문중 자제들이 돌아오지 않아, 이제 마을이 박물관처럼 변해 버렸다는 이야기를 들을 수 있었다. 문중 후손들과 당시 젊은 종손들은 일본 관료들과 타협하지 않고 비밀리에 독립군에 군자금 등을 지원하거나 혹은 직접 항일독립운동 및 사회주의운동에 가담하는 등 민족주의 및 사회주의 지식인들이 대부분이었으며, 독립의식의 고취를 위해 학교를 설립하여 민족교육에 힘쓰는 등 내적인 독립운동에도 적극적인 실천자들이었다.

경북 영해지역의 M종가의 종부는 시조부모 두 분이 '사당 뒤에 불천위 신위를 묻어 놓고' 만주로 독립운동을 떠났다고 한다. 시집왔을 때는 만주서 부모와 함께 있던 시부모 내외가 종가에 와 있었으며, 시부모는 일제강점기에 만주에서 독립운동 하던 중 '서로서로 독립운동하던 사람들끼리 이어져' 혼인한 사이였다고 한다. 이처럼 종가의 종손 내외가 항일운동을 위해 종가를 떠난 사례는 그 외에도 많았다.

종부들을 만나러 다니던 중 고성이씨 석주 이상룡 종가를 알게 되었는데, 이 종가 역시 해방 전 만주로 종손이 떠난 뒤 양자로 종가를 계승하고 있었다. 이 종가의 고 허은 종부는 석주선생의 손부며느리로서 16살에 만주에서 독립운동하는 종가의 며느리가 되었다. 시조부, 시부모와 함께 온 일가가 만주로 가서 오랫동안 만주에서 항일운동을 하였고 종부는 항일투쟁의 역사를 고스란히 간직하고 있었다. 종부는 시조부가 돌아가시자 시조부의 유해를 모시고 시어머니와 함께 해방 전 귀국하였다.

그런데 이 종가의 종부가 만주에서 행한 일들은 남성들과는 그 역할이 좀 달랐다. 직접 총을 들고 싸움터로 나가는 대신, 독립군의 살림을 살고, 의식주를 주로 담당했다. 여기서 독립운동 활동하는 종부는 유가의 남녀 역할 구분이 적용되어 사적 영역의 역할을 수행하였음을 알 수 있다. 이러한 일제강점기에 종부들의 독립운동의 내용이 '의병활동'과 '무관학교' 학생들의 식생활과 의식주를 담당하거나, '부인회' 활동을 맡는 등 성별 분리 역할을 수행했다는 점은 유교적 남녀 역할 분업이 반영된 것이다. 당시 만주에서 독립운동 하던 종부를 포함한 여성들은 "여자들이 장에 가서 나락 팔고, 쌀 팔고 해서 돈 좀 손에 쥐면 무슨 단체, 무슨 모임에서 가두모금을 하여" 독립군자금을 마련하기도 하는 등 실질적으로는 독립운동의 내용에서 매우 의미 있는 역할들이었다고 할 수 있다. 이 종부가 남긴 종가의 삶의 내용들이 구술자서전으로 출판되어, 종가의 종부들이 일제강점기에 독립운동에 함

께 참여한 사실을 알 수 있었다.[17]

유교에서 절개節槪 혹은 절의節義 개념은 유가적 도덕성을 구현함에 있어 가장 중요한 개념 중의 하나이다. 절개(여성에게서 이 개념은 보통 정절의 개념으로 사용된다) 개념은 충성(loyalty)의 의미에서 시작되었다. 한편에서 보면 조선시대에 한층 강화된 가부장제는 정조貞操(chastity)로 표현될 수 있는 절개의 개념으로 집약될 수 있다. 특히 불사이군不事二君과 불사이부不事二夫는 동일한 의미로 사용되며, 그것은 세계의 다양한 종교적 전통 속에서 발견할 수 있는 결혼한 사람들 간의 신실한 관계를 위한 일종의 약속과 같은 것으로서, 옳은 일을 위해서 죽음을 불사하는 정도로 헌신하는 도덕적 신념을 의미한다.[18] 예를 들어 유가의 행위에서 절개節槪와 의리義理라는 유교적 덕목은 여성만이 아닌 남성에게도 똑같이 요구되는 보편적 덕목으로 간주된다. 여성이 한 남편을 위해 지조를 지키고 순결을 지키지 않을 경우 실절失節로 간주되듯, 인간관계 및 사회적 관계에서 의리를 지키지 않는 남성들도 실절자로 취급되는 것이다.

유교의 도덕성이 '절의' (혹은 '절개') 정신을 실제 삶 가운데 구현하는 것이라고 한다면, 일제강점기 조국해방을 위해 독립운동에 함께

---

17) 종부로서 독립운동에 참여한 의미 있는 사례로 이에 대한 상세한 내용은 허은 구술, 변창애 기록, 『아직도 내 귀엔 서간도 바람소리가』(정우사, 1995) 참조.
18) 조혜인, "Secularization of Neo-Confucianism and Industrialization of Korea" (University of Pennsylvania, Ph.D. Dissertation, 1989).

투신한 종부들 역시 절의의 신념을 담지한 유가 도덕의 실천자라 할 수 있을 것이다. 따라서 종가의 이러한 경험을 통해 종부가 양반 전통을 계승한 여성으로서 종손과 더불어 유교의 보편적 의미의 주지주의적 관념을 담지한 행위자였음을 이해할 수 있다.

3) 유가적 삶과 '종부정신'

유가의 남성들과 유교 여성인 종부의 유가적 실천은 어떠한 차이가 있는가? 종부에게는 종가의 가장 높은 여성의 지위에 걸맞은 도덕적 요구가 있다. 종부에게는 온 문중의 지손들을 품어 안을 수 있는 도덕적 자질로서 '착한 품성'이 요구된다. 이것은 이 지역의 양반의 내용을 규정짓는 양반으로서의 도덕성의 의미와 관련이 있다. 유교적 품성을 인간관계 및 사회생활의 실천의 원리로 삼을 때, 영남지역 —특히 안동지방의 경우— 에서 '착하다'는 의미는 곧 '점잖고 마음이 착한 사람'을 의미한다.[19] 이는 유가의 남성과 여성 모두에게 적용되는 도덕성의 실질적 의미로 쓰이고 있다. 유가의 도덕성이 군자를 이상으로 하는 남성의 규범원리로 강조되지만, 유가적 삶의 공동 수행자인 종부들 역시 유가적 도덕성을 갖추어야 한다는 의미에서 그 의미의 적용은 동일하다고 할 수 있으며, 유가에서는 젠더 역할에 따라 그 도덕성의 성격이 달리 규정되는 것이다.

---

19) 김구현, 『安東의 香氣』(안동문화원, 2005).

종부들에게 요구되는 '착한 품성'으로서의 도덕성은 인내하고 안으로 성찰하는 내면의 덕을 중요한 내용으로 한다. 종부에게 요구되는 이 내면의 덕을 부덕婦德이라고 할 때 종부의 부덕은 종가 밖의 활동을 요구받는 종손의 삶에 비해 내면적 성찰의 목소리를 통해 종부 스스로 행위를 절제하고 통제하는 −결코 희생이 아닌− 자아의 자율적 실천 행위에서 만들어진 여성적 도덕성이라 할 수 있다.

인간 행위에서 도덕적인 것이 무엇인가를 판단하는 방식은 원리적인 접근이 아니라, 오히려 실제로 구체적인 행위자들이 도덕적인 것으로 느끼는 것이 무엇인가를 통해 도덕성을 이해하는 것이다. 유가의 여성들의 실천의 경험은 보편적 유가 도덕성에 준하여 젠더적 차원의 여성의 도덕성을 유가의 관계윤리 안에서 개발시켜 왔다고 볼 수 있다. 관계에 근거한 도덕성은 일차적으로 책임(responsibility)이 도덕적 개념이 된다. 통-(Tong)은 여기에 유교적 윤리(Confucian ethic)를 생각해 볼 수 있다고 피력하고 있다.[20]

---

20) 통은 위트벡이 관계에 근거한 도덕성을 명시적으로 유교적 윤리(Confucian ethic)와 연관시키지는 않아 보이지만, 유교윤리적 체계가 부부관계, 부자관계, 형제관계, 붕우관계 그리고 군신관계라는 五倫의 상호적 관계를 토대로 한다는 점에서 위트벡이 제안한 '관계에 근거한 도덕성'을 유추해 볼 수 있다고 보고 있다. 통은 유교윤리에서 인간(man)을 남편이나 부모, 형제, 친구, 혹은 통치자로서보다는 단지 하나의 개별적 자아로서 인간 관계상의 관계 맺기에 익숙한 존재로 이해하고 있다.

(1) 종부의 위상과 '착한' 품성

종가인들의 시선에서 종부가 종손에 비해 종가에서의 위상이 별로 높지 않아 보이는 것은 사실인 것처럼 보인다. 종부의 역할이 봉제 사접빈객에 일차적으로 주어져 있고, 이는 바깥일보다는 종가 내의 역할－일반 사가私家에 비해 제사가 많은 점과 종가를 찾는 손님들을 맞이하여 그들의 필요를 채워 주는 일 등－에 무게중심이 두어지기 때문이다.

착해야 종손이 되고 종부가 되지. 착하지요, 아주 착해요. 우리보다 나이가 적지만은 나는 종부를 볼 때 내 우이다(위다), 그렇게 생각이 돼요. 모든 게 그렇게 점잖고 착해요. 원래도 착한 데다 종부가 하이께네 더 착해요. 원래 착하지만은 종부로 안 들어왔으면 또 다르지, 암만해도……

그 관계에 따라 자아를 형성하게 된다고 봄으로써, 유교윤리 안에 자아의 관계 맺는 능숙함을 내재한 것으로 보고 있는 듯하다. 그러나 유교윤리가 가진 연령이나 신분 및 남녀 관계상의 상하 위계적 관계에 대해서는 언급이 없다. 통이 위트벡의 관계적 자아 개념을 유교체계하의 인간의 관계적 자아로 그려 보고자 했던 것은 현대와 미래의 자아의 모색을 위한 하나의 대안을 유교윤리의 관계성에서 찾을 수 있는 잠재성을 말하는 것으로 보인다. Tong Rosemarie, *Feminine and Feminist Ethics*(Wadsworth Publishing Company Belmont, California A Division of Wadsworth, Inc., 1993), 52쪽. 한편 이숙인은 '공자가 정치의 핵심 요체를 君臣, 父子, 兄弟, 朋友라는 네 가지 관계 윤리의 정립으로 본 것이나 맹자가 가장 중요한 관계를 五倫으로 모델화한 것은 모두 어떻게 타인과 적극적인 관계를 맺을 수 있을까에 대해서 유교가 근원적으로 관심을 가지고 있는 부분'이라고 말한다. 이숙인, 「유교의 관계윤리에 대한 여성주의적 해석」, 『한국여성학』 제15권 1호(1999), 44쪽 참조.

종부로 들어왔으이 더 착하지. 근데 내 생각에는 그래요. 남의 맏이 되면, 암만 잘해도, 잘했다 소리 들어도 온 문중이 떠들지는 안한다고. 글치만 종부가 되면, 조금만 잘하면, 지가 희생을 하고 조금만 남한테 잘하고 베풀면, 다 어데 종부 잘한다, 어데 종부 좋다, 마구 떠든다고(떠받든다). 아무나 종부 못한다고. 아주 좋은 집에서 와야 된다고, 아주 좋은 가문에서 와야 되고, 우리 종부도 퇴계선생의, 퇴계종가의 둘째 따님이고, 자긍심이 있어요. 종부가 아무나 되니껴. 그런데도 가면 아유, 오시냐고, 서로 손잡고 웃고, 같이 놀고, 우리는 촌수가 멀어도 그래요. (H종가 지손 여성, 2006년)

또한 종부의 역할이 종손의 그것에 비해 상대적으로 낮게 평가되어지는 것에는 종부 자신의 행동 규범과도 관련이 깊다. 종부에게는 자신을 낮추고 행위 전면에 자신의 주장을 드러내지 않는 미덕이 요구되기 때문이다. 즉 종부는 어떠한 사안 —특히 문중회의의 경우— 에 자신의 주장을 외면적으로 드러내지 않는다. 종부는 자신의 위치가 '모범을 보여야 하는 자리'에 있기에 자신의 말과 행동을 삼가고자 하는 것이다. 종부는 일반 사가私家의 '맏이' 혹은 '맏며느리'와는 다른 위치에 있음이 분명하다. 무엇보다도 먼저 종부는 '착한 사람'이어야 한다. 더욱이 종부이기 때문에 '착해야' 하며, 종부가 되면 그 지위로 인해 더욱 '착해져야' 하는 존재이다. 종부의 착함이란, 종부 스스로 '희생할 줄 알며' '베풂'에서 오는 도덕적 실천과 사유에서 비롯되는 것이다.

그런데 문중의 대표 며느리인 종부는 그 지위상 어느 맏며느리보다 '위'에 있으며 맏며느리보다 '높임을 받는' 존재이다. 종부는 아무나 될 수 있는 지위가 아니다. '아주 좋은 집' 즉 '아주 좋은 가문' 출신이어야 하며, 그렇기 때문에 그러한 종부를 문중의 며느리로 가진 종친 며느리들은 더할 나위 없는 자부심을 느끼게 되는 것이다. 종부는 일 잘하는 데 그 의미가 있기보다는 '지손들한테 잘하고 베푸는' 미덕이 요구된다. 그러기 위해서는 그에 따른 더 큰 역할을 해야 한다. 그것은 '자신보다 남을 위해 희생하는 것'이며, 이는 문중 전체를 잘 꾸려 나가기 위한 리더십의 자원이 된다. 즉 종부는 '남을 위해 자신은 좀 괴롭고 힘이 들 수 있지만' 그걸 감수할 수 있는 '희생적 리더십'이 요구되는 것이다. 이때 희생의 의미를 어떻게 이해할 수 있을까?

인간의 행위의 목적에는 여러 가지가 있을 수 있다. 전적으로 자율성이 배제된 행위란 있을 수 없을 것이다. 종부들에게 요구되는 문중과 더 큰 공동체에 대한 자기희생은 분명 종법이 종부에게 부여한 '종부 지위' 때문일 것이다. 그러나 그것은 스스로를 억압하거나 감당할 수 없는 희생을 요구하는 것이기보다는 보다 큰 선을 위한 요청으로 종부 스스로 수용 가능한 것이었음으로 이해된다. 희생만큼 분명 종부에게 돌아오는 혜택 또한 가능했을 것이기 때문이다. 이러한 종부의 '희생'과 '베풂의 미덕'의 도덕적 실천은 종부 스스로 자신의 지위상의 역할을 바람직하게 수행함으로써 획득되어지는 권위와 리더십을 창출해 낸다. 결국 이러한 도덕성이 종부로 하여금 리더십을 갖게 하는 원동력이 되는 것이다.

(2) 부덕婦德의 실천 : 희생과 베풂의 도덕적 실천

일례로 H종가 종부의 경우, 종녀로서 어린 시절 종부였던 어머니의 삶이 유교의 관계윤리에 기반하여 '철저하게 자신보다는 타인의 입장'에서 필요와 요구를 채워 주었던 삶이었다고 말하였다. 유교체계와 관련하여 전통적 여성을 이해할 때 이를 보통 여성들의 '희생적' 삶으로 간주하여 왔다. 그러나 종부들이 수행했던 희생적 삶은 온전히 자율성을 배제한 행위가 아니었다. 유가적 삶의 구조 안에서 자신이 처했던 반가 여성, 특히 종가의 종부라는 맥락 위에서 자신에게 요구되었던 역할들의 수행은 관계적 차원에서 고려하고 심사숙고한 도덕적 결정에 따른 행위들이었다.

진성이씨 T종가 종부였던 H종부의 어머니의 경우, 선비정신으로 일관한 종가의 살림살이는 가난해서 가난한 것이 아니라, 봉제사奉祭祀와 접빈객接賓客의 삶의 연속으로 인해 경제적으로 풍요롭지 않은 살림을 꾸려 가야 했기 때문이다. 철마다 달마다 있는 제사도 제사지만 찾아오는 손님을 모시는 일은 종부의 일상의 대부분을 차지하였다. '배고프면 종가에 온다'는 사람들의 욕구를 종부는 외면하지 않는다. 하루에도 몇 번씩 밥을 하지만 언제나 종가엔 밥이 없었다. 그것은 '밥이 없어서가 아니라, 밥이 남아 있지 않기 때문'이었다. H종부의 어머니는 접대한 사람들을 일일이 기억하지 못했다고 한다. 없는 밥이라도 '밥솥을 '싹싹' 닦아서 뭉쳐서라도' 손님들을 대접하는 종부는 애초에 배고픔의 욕구를 채운 사람들이 언젠가 자신에게 유상의 보상을 해 줄 것이라는 마음을 갖지 않기 때문이다. 베풂을 받은 사람들은 '그 은혜를 잊어버리지 않고' 종부에게 감사한 마음을 전하곤 하지만, T종가 종부는 베풂을 받은 사람들을 일일이 기억하지 못하였다고 한다. 늘 대하는 것이 사람들이고 또 '여러 사람들을 대하다 보니' 생긴 일이다.

종부의 행위에 나타난 유가의 실천은 종부 역할에 철저한 봉제사 접빈객의 수행 역할에 근거한 것이지만, 그것은 유교 여성의 부덕의 도덕적 실천이라 할 수 있다. 종부의 시선은 '남'에게 고정되어 있다. 종가를 찾아오는 '남'(타인)은 나와 분리되어 아무 상관없는 존재가 아닌 것이다. 설령 그들이 종친이든 걸인이든 그것은 중요하지 않다. 종가로 와서 종부인 자신에게 도움을 구하는 그들은 '약자들'인 것이다. 종부의 베풂의 행위는 종부라는 종가의 가장 큰 여성 어른으로서 타인들을 자신과 분리하지 않고 관계적으로 대함에서 비롯된 것이다. 따라서 종부의 선한 행위는 관계에 근거한 도덕성의 실천이라 할 수 있다.

이러한 측면에서 볼 때 종부의 규범인 인내와 부덕의 실천은 '억압'적이거나 자신을 배제한 '희생'적인 것이라고만 말할 수는 없을 것이다. 종부는 혼입된 여성이라는 사회적 약자로서 갖는 삶의 전략을 유교적 '예'라는 형식을 빌려 인간관계의 마찰을 최소화하는 전략적 방식으로서 유교적 '예'의 기제에 충실히 따른 것이라 할 수 있다. 이러한 방식은 종부로서 권위를 행사하기보다는 관계윤리의 측면에서 다른 사람의 입장을 배려하는 형태로 나타난다. 그리고 종부로서의 책임감, 배려, 그리고 그러한 권위의 행사는 유교 시스템하의 친족과 가족 공동체 안에서 가능한 것이었다고 할 수 있다.

종부들은 내면의 목소리(유교 여성의 도덕성)에 순종함으로써 자신의 베푸는 삶을 통해 주변을 행복하게 하는 삶을 구현하고 그 가운데서 행복과 자부심을 느껴왔다. 이는 마치 어머니와 자녀 간의 관계처럼 타인들을 대함(접빈객의 정신)은 종부들이 유교체계에서 주어진 의존성인 희생적 삶이 보다 큰 선(goodness)을 낳게 된다는 점을 누구보다 잘 인식한 결과였다고 볼 수 있다. 그러므로 유교 여성의 부덕이 포괄하는 '순종'의 함의는 유교의 사회적 규범적 법이라는 보다 큰 법에 대한 관계의 결과일 따름이다. 그렇다고 해서 종부들의 자기희생이 자기 고행과 동일한 것으로 보이지는 않는다. 그러나 유교사상 안에서 종부의 가정생활과 그 안에서의 경제 활동은 물리적인 유교 가부장제적 질서에 온존함으로써 체계 자체에 대한 종속을 가져왔음은 부인할 수 없다. 그럼에도 불구하고 중요한 것은 종부는 이 조화를 유교적 여성적 삶에 오롯이 순종함으로써 이루어 왔고, 종부의 도덕적 세계 속에 이 모든 것들이 함께 얽혀 있다는 사실에 있다.

길리건에 의하면, 여성은 보살핌의 행위를 도덕성의 영역에서 주요한 요인으로 생각한다. 이상적인 보살핌 행위는 인간관계를 맺는 행위이며 다른 사람이 무엇을 필요로 하는지를 느껴서 그에 응답하는 것이다.[21] 종부들이 특히 가족관계에서 관계의 윤리에 철저히 수행적이었다는 사실은 유가적 실천에서 인간 개별적인 자아의 정체성이 사회적, 역사적, 물리적 환경으로부터 분리될 수 없으며, 종부와 함께 얽혀 있는 다양한 타자들과의 근원적인 상호 관계성을 고려한 것이었다고

---

21) 캐롤 길리건, 허란주 역, 『다른 목소리로』(2000).

할 수 있다. 마치 자녀를 양육하고 보살피며 책임지듯, 종부들은 가족 관계에서 자신이 처한 위치에 따라 다양한 역할들뿐만 아니라 더 나아가 접빈객의 역할 수행에서 관계윤리를 확대 실천하였던 것이다.

4. 변화하는 사회와 종부 정신의 계승

문중조직은 종손과 더불어 반드시 종부를 존재적으로 필요로 한다. 유교적 가부장적 질서 관념의 '전통' 계승의 차원에서 비록 종부가 종가를 떠난다 하더라도 그 자리는 얼마든지 다른 여성으로 대체할 수도 있다. 그러나 비어 있는 종부 자리를 다시 채우는 작업은 그리 쉬운 일이 아니어서, 대부분의 상처喪妻한 종손들은 다시 장가들기가 어렵거나 종부 없이 종손 홀로 종가를 지켜 나가는 일이 흔한 일이 되고 있다. 종가의 중요한 요소인 종부 존재의 부재는 현대사회의 조건상 의례적인 면에서 옛 전통 그대로 의례를 수행해 내는 것을 어렵게 하는 가장 큰 요인이다. 이는 종가의 남성 중심적 종법주의 질서가 여성을 종가 계승에 있어 여전히 도구적 존재로 가정하고 있다는 점에서 내재적으로 구조적 불안정성을 내포하고 있다고 할 수 있다.

그런데 근현대를 거쳐 오면서 당대 종부들은 종손 없는 종가살이에서 남편들의 부재로 인해 '의지할 곳'이 없었다. M종부의 경우, 결혼한 지 10여 년이 지난 어느 날 종택에 보존해 오던 조상의 유물들을 '도둑' 맞으면서, 병중에 있던 남편이 그 일로 인해 병이 악화되어 상부

喪夫하였다. 이 당시 젊은 종부에게는 '종가의 삶을 버리고 다른 삶을 찾으라'는 친구들의 유혹도 있었다고 한다. 그러나 일찍이 남편을 여의고 종손 없는 종가 살림을 꾸려오면서 종부는 '호화호식한다는 생각 없이' '이 집만 세워 가면서' 살겠노라 스스로 마음먹었다고 말하였다. U종가 종부 역시 월북한 남편으로 인해 청상과부 아닌 과부로서 시부모를 모시고 '봉제사접빈객'의 종부로서의 삶을 온전히 살아왔다. 슬하에 자식이 없는 종부로서는 의지할 데가 더더욱 없었지만, 때로는 객지에 나가 있는 시동생들 뒷바라지를 하기도 하고, 최근까지는 노환 중이던 시아버지 병수발을 일흔을 넘긴 나이에도 불구하고 손수하는 등 종부로서 시부모 봉양과 봉제사의 의무를 '운명으로 알고' 살아왔다. 이렇듯 근현대 종부들이 종가를 벗어나고픈 유혹을 이길 수 있었던 것은 종부로서의 삶을 특별한 '운명'을 지닌 것으로 내면화하고 있기 때문이었다. 종부들에게 봉제사접빈객의 역할과 책임을 완수하는 것은 무엇보다도 중요한 삶이 목적이었기 때문이다. 종부로서의 삶을 완성하겠다고 하는 이러한 의지의 표출은 종부라는 유교 여성의 '특별한 지위'와 어린 시절 학습 받은 종부의 역할 교육의 내면화에 근거한 것이지만, 결국 종손 없는 종가를 유지시킨 실질적인 힘은 종부들이 가진 종부로서의 삶의 지조(절개: chastity)였다. 그러나 이러한 현대 사회의 종가 집단의 가부장적 성향의 유지를 정치이념으로서의 유교 철학의 원리를 내재화한 조선 사회의 가부장제와 등치시킬 수는 없어 보인다. 현대사회의 종가의 부계주의 전통은 '전통의 계승' 차원에서 이루어지는 '관습화된' 것으로 이해되기 때문이다.

필자는 약화되고 있는 현대사회의 종가 전통의 정신적 계승을 종부의 유교 도덕성의 가치에서 찾을 수 있다는 생각을 해 본다. 그것은 바로 부덕의 실천에서 형성되어 종부의 유교적 도덕성(morality)의 발현으로 나타난 종부정신의 계승일 것이다. 이는 물론 젠더적 가치임에 틀림없다. 그렇다 하더라도 개개인의 개별적 자아의 확산이 마치 사회적 자아의 본질인 것처럼 사유되고 있는 현대사회의 계약적 사회관을 지양하고 새로운 사회가 요구되는 현 시점에서 여성주의적 가치가 부상하고 있다는 점은 눈여겨볼 필요가 있다. 우리가 유교의 관계윤리의 맥락에서 종부의 정신세계를 통해 알아본 종부정신은 다름 아닌 관계적이며 돌봄적 사유의 덕이었다. 오늘날 신자유주의적 계약사회는 시장적 인간화로 점철되어지는 비인간적 사회를 가속화시키고 있으며 더 이상 치유불가능한 상태에 이르렀다. 이러한 시점에서 여성주의적 관계윤리는 새로운 사회적 질서를 만드는 기획(project)에 이론적으로 시사하는 바가 크다. 아이러니하게도 적어도 종부의 정신성은 이미 수백 년 동안 한국 여성들의 사유와 실천 속에 내면화되어 잠재되어 있던 가치로서 그리 놀랄 일도 아니다. 종부의 도덕적 실천을 통해 구현되어 온 종부들의 정신세계는 돌봄의 사유에 다름 아니었으며, 최초의 우리 사회 복지에 기여한 복지제공자였다고 감히 말하고 싶다. 나아가 종부정신은 현재 우리 사회에 유용하게 적용할 자원으로 재인식되어야 하며, 이러한 한국 전통의 여성적 사유가 앞으로 여성주의적 시각에 제한되지 않는 사회적 가치로 인식의 전환이 이루어질 수도 있다고 생각하는 것이다.

종부의 유교적 도덕성과 종부정신은 유교 친족 공동체 사회적 조건하에서 돌봄의 가치를 창출해 낸 정신적 자양분을 가지고 있었다. 그러나 이 점을 현대사회에 유용한 자원으로 수용하기 위해서는 여성의 도덕성의 차원에서 돌봄을 바라보아야 하는 시각을 넘어서야 하며, 트론토가 지적했듯이 여성의 도덕성(morality)에 대한 논의에 머물지 않고 사회적 정치적 차원에서 돌봄의 정치(politics of caring)로 패러다임의 전환(paradigm shift)이 이루어져야 한다.[22]

---

22) Tronto, C. Joan, *Moral Boundaries: A Political Argrument for an Ethic of Care*(New York · London: Routlede, 1994).

제6장

내방가사와 여성의 삶

손대현
(경북대학교 국어국문학과 외래교수)

1. 내방가사의 창작과 향유

내방가사는 조선조 후기 영남지역을 중심으로 양반 부녀자들이
창작·향유해 온 가사라 할 수 있다. 내방가사는 명칭과 성행 시기, 분
포 지역 등에 이르기까지 많은 논란이 있어 왔다. 내방가사를 창작·
향유해 온 여성들은 이를 '그ᄉ' 혹은 '두루마리'로 칭하고 있으나 연
구자에 따라 '내방가사'(高橋亨, 이재수 등), '규방가사'(권영철), '여류가
사'(박요순), '부녀가사'(박혜숙), '여성가사'(백은주, 서영숙) 등으로 부르
고 있다. 본고는 그 창작과 향유에 있어서 모든 여성들이 참여한 것은
아니며 어느 정도의 계층성은 존재해 왔다는 점, 그럼에도 불구하고
소수의 양반 여성들만의 전유물에서 벗어나 그 층위가 어느 정도는 확
대되어 있는 문학이라는 점에서 '내방가사'라는 용어를 사용하고자
한다.

내방가사의 핵심적 향유 시기에 있어서는 조선조 후기라는 폭넓
은 시기로 한정하고 있으나 조선조 후기만이 아니라 현재까지도 창작
과 향유가 이루어지고 있으며 일제강점기를 전후한 시기가 창작과 향
유의 중심적 시기일 가능성이 조심스럽게 타진되고 있다. 또한 충청도
와 경기도, 강원도, 전라도 등에서도 내방가사 작품들이 계속 발굴되
고 있어 영남이라는 지역적 범위에 대해서도 문제가 제기되어 왔다.
게다가 근대에 이를 수록 여성에 대한 교육의 확대와 공적 영역에 대
한 여성의 참여가 활발해지면서 창작과 향유에 참여하고 있는 여성의
범위 또한 확대되고 있을 뿐만 아니라 남성도 내방가사를 창작한 경우

도 있어 향유 주체의 신분과 성별에 있어서도 단순하지가 않다.

따라서 내방가사에 대한 정의가 일정한 한계를 지니고 있다는 점도 분명한 사실이나, 내방가사의 창작과 향유가 대체적으로 조선조 후기 영남지역, 특히 안동문화권과 경주문화권, 성주문화권을 중심으로 한 경상도 북부지역을 중심으로 이루어졌으며 어느 정도의 문자 독해 및 문학 창작을 할 수 있는 양반 부녀자층이 중심이 되었다는 점 또한 분명한 사실이기에 이러한 정의가 일반적으로 통용된다고 할 수 있다.

내방가사가 중점적으로 창작된 조선 사회는 사회 전반에 걸쳐 유교적 예절과 문화가 확고하게 자리를 잡았던 시기이며, 남성 중심의 가부장적 문화가 이전 시대에 비해 매우 강화된 시기라 할 수 있다. 이로 인해 여성들은 정든 가족들과 헤어져 새로운 가족의 구성원이 되어 외부와 단절된 채 어려운 시집살이를 해야 했기에 많은 고통을 겪어 왔다. 따라서 여성들의 삶에서 우러나온 다양한 감정들과 인생관 등이 풍부하게 반영되어 있는 내방가사는 여성들의 다양한 삶의 모습과 욕망이 잘 드러나 있는 문학이라 할 수 있을 것이다. 더구나 현실에 대한 서술을 통해 사회적 불만과 비판이 고스란히 표현되어 있어 조선조 사회가 안고 있던 문제점들을 살피는 데에도 매우 중요하다. 더구나 최근까지도 많은 여성들이 가사를 창작하고 향유해 오고 있어 시대의 변화에 따른 문학적 대응과 여성 의식의 변화까지도 엿볼 수 있는 중요한 문학 갈래라 할 수 있을 것이다.

2. 내방가사 창작의 사회적 배경

고려시대의 경우 사대부가의 여성들은 내외법이 없어 권문세가의 집안을 예사로 출입하였으며 이혼도 쉽사리 행하였을 뿐만 아니라 남편이 죽은 뒤에도 수절하는 경우가 거의 없었다. 남녀가 어울려 목욕을 할 만큼 여성들의 생활이 자유로웠으며 사회적 제한도 심하지 않았던 것이다. 그러나 조선 건국의 주도 세력이었던 신진사대부들은 고려 왕실의 성적 타락이 나라를 망친 주요한 원인이라는 전제하에 여성의 사회참여와 대외활동을 제한하는 일련의 정책들을 강화해 나가게 된다. 특히나 조선 중기 이후 주자학적 이념이 일상생활에까지 확산되고 제사와 재산 등의 상속에서 장자를 중시하는 현상이 강화되면서 종법에 따른 가부장제가 강화되었다. 이러한 종법의 확고한 정립은 가족 안에서의 가부장권을 강화하고 친족집단의 서열을 명확화하여 그 질서를 확고히 하였을 뿐만 아니라 유교적 질서를 사회 전반에 확산시킴으로써 국가의 통제력도 강화하고 있다. 따라서 조선 초기까지 남성과 거의 동등한 상속권이 보장되었고 재혼에 있어서도 자유로웠던 여성들은 그 권한을 대폭 축소당하게 되었으며 행위에 있어서도 많은 제약을 받게 되었다.

가부장제의 강화와 함께 여성의 역할을 가정 내에만 한정하려는 시도도 이루어져 왔다. 이러한 시도는 내외 관념을 바탕으로 이루어졌다. 내외관념의 근본은 남성은 남성의 영역 즉 집 밖의 대외적인 일을 관장하고, 여성은 여성의 영역 즉 집안의 대내적인 일을 관장한다는 것이었다. 따라서 남성은 집안을 대표하여 사랑방에서 손님을 접대하는 일에서부터 나라의 일을 관장하는 일에 이르기까지 대외적인 일을 하고, 여성은 봉제사, 접빈객의 일을 도모하는 데서부터 가정의 경제를 좌우하는 대내적인 일을 하게 되었던 것이다. 여성의 행위를 가정 내에만 한정하려는 시도는 여성의 대외적 행위를 제한하려는 목적하에 제정된 법률과 제도의 뒷받침 아래 이루어졌기에 더욱 긴밀하고도 체계적으로 여성의 삶을 구속하였다. 따라서 여성들은 시어머니로부터 곳간열쇠의 승계와 안방물림을 통하여 가정의 경제권을 획득하기 전에는 가정 내에서 며느리로서, 아내로서, 어머니로서의 역할을 수행하며 많은 고통을 겪게 되었던 것이다.

그런데 조선은 관리로 등용됨으로써만 그들의 가계를 이끌 수 있는 경제적 기반을 갖출 수 있는 체제였기 때문에 경제적 능력과 관리로의 등용은 밀접한 상관관계를 갖는다고 할 수 있다. 그러나 사림이 정치의 주축 세력으로 등장하고 신분제의 혼란 등으로 양반의 수가 급격하게 늘어남으로써 한정된 관직을 차지하기 위한 경쟁이 더욱 치열해지게 된다. 따라서 과거에 합격하기 전까지의 수학 기간이 늘어남으로써 재지적 기반이 확고하게 자리잡지 못한 양반의 경우 경제적 어려움을 겪을 수밖에 없었던 것이다. 그런데 이러한 경제적 문제의 해결이 내외 관념으로 인해 여성들에게 강요됨으로써 경제적 문제까지 책임져야 하는 여성들은 더욱 많은 고통을 느낄 수밖에 없었던 것이다. 조선조 후기 「용부가」, 「우부가」 등에서 여성의 경제적 활동을 강조하고 있는 것도 가정 내의 경제를 책임져야 하는 여성의 삶과 무관하지 않았던 것이다.

그런데 여성에 대한 이러한 억압이 정치, 경제, 사상 등 사회의 제 분야에 걸쳐 철저하게 이루어졌음에도 여성들의 가사 창작이 활발하게 된 데에는 여성 교육의 강화와 깊은 관련이 있다. 전통사회의 문자 교육은 아들은 가르치되 딸은 가르치지 않는다는 원칙이 기본적으로 지켜졌다고 할 수 있다. 학문을 익히는 것은 바람직한 여성의 역할 수행에 방해될 뿐만 아니라, 문학적 소양과 시 등을 익히는 것은 기녀가 하는 것이지 사대부 집안의 여성이 익힐 것이 아니라 보았던 것이다. 그리고 문자 교육이 이루어진다 하더라도 국문을 읽고 편지를 쓸 정도의 수준에 한정한 것도 사실이다. 물론 가정 형편에 따라 내외법에 저촉되지 않는 친지를 모셔 여아女兒들을 지도하기도 하였으며 할아버지나 아버지로부터 한문 교육을 받는 경우도 있었다.

그러나 조선조 후기에 이르러서는 양반 여성들에 대한 광범위한 교육이 이루어지게 된다. 이러한 경향이 일반화된 것은 무엇보다 유학적 규범이 일상생활 전반으로 침투하면서 여성들 또한 유교적 규범을 학습하고 체득해야 할 필요성이 커지게 되었기 때문이었다. 특히나 지속적인 가문의 발전을 담보할 수 있는 명망 있는 가문과 결연하기 위해서는 사대부가 여성으로서의 교양과 범절을 갖추는 것이 요구되었다. 조선조 후기에 집중적으로 간행되는 『내훈內訓』, 『규중요람閨中要覽』, 『우암선생계녀서尤菴先生戒女書』, 『사소절士小節』 등은 이러한 필요에 의해서 저술된 교훈서라 할 수 있다. 이들 교훈서는 여성 생활의 실제적인 면을 세심하게 설명하고 있는데 이러한 경향성을 띠게 된 것은 삼강오륜의 도덕적 질서 안에서 살도록 여성들을 교화하기 위해서이며, 동시에 향촌 내의 유력한 가문과 혼인관계를 맺기 위한 여성의 기본 소양을 강화하기 위해서라 할 수 있다.

그런데 영남지방은 시어머니의 사후 가정의 안주인이 되는 타지방과 달리 오랫동안의 시집살이를 통해 며느리가 집안을 통솔할 만한 품성과 능력을 충분히 갖추었다고 판단되면 시어머니가 생전에 안방물림을 하고, 이후 며느리가 가정의 안주인으로서 전권을 행사하는 동남형 주부권 계승지역에 속한다. 일반적으로 남편이 사망할 경우 상속권이 아들에게 있기 때문에 '아들의 어머니'라는 자격으로 재산권에 대한 영향력을 행사할 수 있다. 그러나 소유와 분배에 한정하지 않고 재산의 관리와 영향력 측면에서 본다면 주부권은 가정 내의 경제를 좌우할 수 있는 근거가 될 수 있다. 상층 양반가의 경우, 토지의 운영과 노비, 머슴 등의 활용 등에 이르기까지 막강한 영향력을 행사할 수 있는 권한이 주부권이었던 것이다. 따라서 내외 관념이 강력하고 주부권이 더욱 막강하였던 영남지방은 상속권만 없을 뿐, 가부장의 지위에 필적할 만한 여성의 지위가 형성되어 있었던 것이다.

다른 한편으로 영남지방은 퇴계退溪 이황李滉의 학맥과 맥이 닿아야 양반다운 양반으로 행세할 수 있었기에 퇴계학맥을 중심으로 양반가의 혼인이 이루어져 왔다. 그런데 영남 양반의 대부분을 차지하는 남인南人들이 갑술옥사甲戌獄事(1694) 이후 조선조 패망 때까지 관리로의 등용이 제대로 이루어지지 않게 되고 설사 관직을 맡더라도 권력의 중심부인 내직보다는 외직을 주로 역임하게 되었기에 양반의 경제적 기반이 타 지역에 비해 열악하였으며, 이로 인해 집안의 경제를 담당하고 있던 여성들의 부담이 더욱 가중되었다고 볼 수 있다. 또한 경제적 여건을 보완하기 위한 대체 기제로서 혼인이 더욱 중요해짐으로써 여성에 대한 교육이 더욱 강화되었던 것이다.

이러한 측면에서 본다면 영남지역은 다른 지역에 비해 여성의 지위는 높다고 볼 수 있으나 경제적 여건이 좋지 못하여 경제적 측면까지 책임지게 됨으로써 여성들이 더 많은 고통을 느끼고 있었다고 볼 수 있으며, 혼인이 타 지역에 비해 중시됨으로써 여성 교육이 더욱 강화되었다고 볼 수 있다. 따라서 영남지역, 특히 경상도 북부지역을 중심으로 내방가사의 창작과 향유가 중점적으로 이루어질 수 있었던 것은 이러한 사회적 환경을 바탕으로 힘겨운 시집살이와 삶으로부터의 갈등과 고통을 문학적으로 해소하려는 욕구가 충만했기 때문이라 할 수 있을 것이다.

3. 내방가사에 투영된 여성의 삶과 의식

내방가사는 여성들의 삶을 문학적으로 형상화한 것이기에 지극히 일상적인 문학이라 할 수 있다. 태어나 자라면서 여성으로서 지녀야 할 규훈閨訓을 배우고, 시집살이의 고통을 한탄하거나 야외로 나가 화전놀이를 하면서, 며느리와 가문의 여성들을 대상으로 가문의 내력과 시집살이의 규범을 가르치는 순간에도 가사를 통해 기쁘고 슬픈 감흥을 표현해 왔던 것이다. 여성들의 삶과 직결된 모든 행위가 형상화된 문학이 내방가사인 것이다. 따라서 내방가사의 작품 또한 다양한 주제를 노래하고 있으나 여성들의 삶에서 가장 주요한 정서를 노래하고 있다는 점에서나 전승 작품의 양에 있어서나 계녀가, 화전가, 자탄가를 대표적 갈래로 분류할 수 있다.

먼저 계녀가는 시집살이의 규범과 해야 할 일을 가르치기 위해 지은 작품군으로, 시집가는 딸을 대상으로 어머니가 쓰는 것이 일반적이나 아버지가 쓴 것도 있으며 시집 온 며느리를 대상으로 하여 창작한 것도 있다. 계녀가의 구성은 일반적으로 '서사序詞 → 사구고事舅姑 → 사군자事君子 → 목친척睦親戚 → 봉제사奉祭祀 → 접빈객接賓客 → 태교胎敎 → 육아育兒 → 어노비御奴婢 → 치산治産 → 출입出入 → 항심恒心 → 결사結詞'의 순이라 할 수 있다.

아히야 드러바라 내일이 신힝이라   친정을 흐직하고 시가로 드러가니
네마암 어더할고 이심사 갈발업다   우마에 짐을실고 금반을 구지미야
부모쎄 써날적에 경계할말 하고만타   〈계녀가〉

내일이 신행 갈 날이기에 갓 결혼한 신부는 이제 친정을 떠나 시댁으로 들어가 본격적인 시집살이를 시작하게 된다. 따라서 먼저 이를 겪어 온 어머니는 자신이 겪어 온 힘겨운 삶을 살게 될 자신의 딸을 보며 먼저 시집을 가 본 여성으로서 그 마음을 십분 이해하고 어머니로서의 안타까운 마음을 드러내게 된다. 그리고 며느리로서, 내방의 안주인으로서의 역할을 온전히 수행할 수 있도록 경계의 말을 전하게 된

다. 따라서 계녀가는 며느리가 지켜야 할 덕목을 적은 교훈가일 뿐만
아니라 딸에 대한 친정어머니의 사랑을 절실하게 표현한 서정시라 할
수 있다.

식부모의 사관홀제 쇼셰를 일즉ㅎ고   문밧긔 졀을ㅎ고 갓가이 나아안자
방이나 덥스온가 침셕이나 편ㅎ신가   살드리 스른후에 져근듯 안자짜가
단정히 도라나와 진지를 추릴젹에   식성을 무러가며 구미에 맛게ㅎ여
극진히 진지ㅎ고 식상을 물린후에   홀일을 품ㅎ여 다른일 업다거든
일손을 쌜리드러 네방에 도라가셔   〈계녀가〉

　위에서 서술되어 있는 사구고事舅姑의 내용은 매우 구체적인데,
이는 계녀가 시집간 딸이 시집에서 행해야 할 행동 하나하나를 염두
에 두고 쓰였기 때문이다. 문안인사를 드리는 방법에서부터 진짓상을
올리는 방법, 잠자리를 봐 드리는 방법, 병구완을 하는 방법, 의견을 표
하는 방법 등에 이르기까지 실생활의 구체적인 모습이 매우 상세하게
서술되어 있는 것이다. 우암尤庵 송시열宋時烈이 저술한 『우암선생계녀
서』에서는 사구고의 내용이 "시부모 섬기기를 제 부모보다 중重히 할
지니 일동일정一動一靜과 일언일사一言一事를 부디 무심히 말고 극진히
섬기도록 하여라"와 같이 매우 간단하고 관념적으로 서술되어 있는 데
비해, 계녀가에서는 이를 더욱 상세하고도 실제적인 사항으로 구성하
여 서술되어 있는 것이다. 이러한 차이는 계녀서가 여성의 삶과 시집
살이의 실상을 명확히 인식하지 못하는 양반 남성의 시각에서 서술된
반면, 계녀가誡女歌는 시집살이를 시작하는 딸에게 같은 여성이자 어머

니로서 자신의 구체적 경험을 전달하려는 의도가 서술되어 있기에 나타난다고 할 수 있다.

화전가는 일상적인 가정사를 벗어나 화전놀이를 행하며 느낀 정취나 감회를 표현한 작품군이라 할 수 있다. 동리의 부녀자들이나 한 가문의 여성들이 새봄이 시작되는 음력 3월 3일을 전후하여 행하는 화전놀이의 결과물인 것이다. 화전가에는 화전놀이의 준비에서부터 놀이가 파하고 나서의 감상까지가 서술되어 있기에 그 구성은 '서사 → 신변 탄식 → 봄의 찬미 → 놀이에 대한 공론 → 택일 → 통문 → 승낙 → 준비 → 치장 → 승지 찬미 → 화전 굽기 → 회식 → 유흥소영 → 감회 → 이별과 재회의 기약 → 귀가 → 발문'의 순이라 할 수 있다.

화전놀이를 통하여 여성들은 마을을 벗어나 산에 이르는 동안, 그리고 산에 이르러 서로 화전과 음식을 만들고 나누어 먹으며 일상을 벗어났다는 해방감을 만끽하고 일상의 고통을 해소하게 되는 것이다.

구경을 그만하고 화전터로 내려와서
청유야 백분이라 화전을 지져놓고
어서오소 어서오소 집에앉아 수륙진미
이에서 더할소냐

빈천이야 정관이야 시냇가에 걸어놓고
화간에 제종숙질 웃으며 불렀으되
보기는 하려니와 우리일실 동환하기
<화전가>

위 화전가에서는 구경을 끝낸 후 시냇가로 내려와 화전을 지져 먹으며 집안의 여러 여성들과 떠들썩하게 노는 광경이 서술되어 있다. 여성들은 술 대신 '맑은 샘물'을 마시고 술잔 대신 '표주박'을, 안주 대신 '두견적'을 먹기도 하며 남성들과는 다른 놀이의 형식을 통해 만족감을 느끼며 하루를 즐기게 되는 것이다.

정담도 좋거니와 가사한번 불러보세   이만한 모듬중에 청강일곡 업을손가
규중에 여자체면 소리높여 할수업고   나슥나슥 가는복성 화전가로 화답하니
듣기도 좋거니와 재미도   좋을시고   〈화전가〉

　위의 「화전가」에서는 화전을 먹고 나서 서로 화전가를 지어 부르
며 그 솜씨를 뽐내는 광경이 서술되어 있다. 여러 동류들이 모였으니
재미있는 일을 해야 하는데 가사 낭송이 빠질 수 없다는 것이다. 가사
를 창작하고 낭송하는 것이 놀이의 흥취를 더하는 또 다른 놀이의 역
할을 수행하는 것이다.

　그런데 이러한 화전놀이는 한 동리의 여성들이 참여하기도 하지
만 한 집안의 여성들이 중심이 되어 떠나는 경우도 있다. 이러한 경우
집안의 어른들이 어린 여성들을 대상으로 집안의 내력이나 시집살이
의 규범을 가르치고자 화전가를 활용하는 경우도 있다.

어화세상 사람들아 이가사를 들어보소   가사라고 하는것은 아름다운 말이로다
오흡도다 우리조선 구주강산 좋은곳에   한양궁궐 터를닦아 태조대왕 등극하니
복록도 장할시고 아들이 팔형제라   자자손손 전한위라 이십팔왕 벌어서서
정치하신 역대보소 오백스물 한해로다   예약문물 조흘시고 전장법도 씩씩하다
　　　　　　　　　　(중　략)
화전가를 짓노라니 국조노래 겸햇더라   우리조선 국초사력 대강만 거룩하니
어엽뿌다 소제들아 부생모육 교훈받아   국문을 공부하여 세계를 보배와서
출가외인 되거들랑 욕급선조 하지말아   자고로 사적보면 효자문에 충신이라
남자가 되거들랑 충효를 잊지말고   여자가 되거들랑 정절을 본받아라
　　　　　　　　　　　　　　　　　　〈화전가〉

위 「화전가」는 「한양가」에서 서술하고 있는 조선조 오백년의 주요한 사실들과 여러 충신명현들의 사적을 서술하면서 출가하면 최선을 다하여 집안을 빛낼 것이며 남자들은 부모에 효도하고 출사하여 훌륭한 국가의 재목이 될 것임을 당부하고 있다. 그리고 유학적 도리를 충실히 지킬 것임을 다시 한 번 강조하고 있다. 따라서 단순히 놀이의 즐거움에 머물지 않고 교육의 장으로도 활용되는 것이 화전놀이이며 이러한 도리를 설파하는 도구가 화전가인 것이다. 이러한 의미에서 형식만 겨우 갖추었다고 해서 화전가라 볼 수 없으며 화전가를 화전가답게 하는 품격과 형식이 갖추어져야 할 것임을 요구하고 있다.

이러타시 잘놀적에 말석좌를 살펴보니
요조숙녀 모인놀음 시를마춰 따라와서
지성으로 안자스면 점잖하신 우리들이
그기무산 행실이냐 우리놀음 재미업다
너희들이 한심하다 숙부인을 몰라보고
욕도하고 흉도보니 그게무슨 걸작이야
보난데가 잇삽기로 용서하여 줄지어다

걸객들이 하도많아 다시보니 딸네로다
주난대로 아니먹고 떼가락이 무슨일고
치지도지 할것이라 어나존전 몰라보고
어와 딸네들아 우리피차 여자되어
되지못한 언문자는 어데가서 배왓는지
너의죄상 생각하면 마땅히 처벌이나
　　　　　　　　　　　　　　〈화전답가〉

위 「화전답가」는 숙부인이 지은 것인데 점잖은 부인네들이 모여서 노는 자리에 동리의 젊은 딸네들이 참여하여 자기들끼리 야단법석을 떨고 노인들의 흉도 보고 욕도 하는 내용이 담겨져 있는 화전가를 창작하였기에 제대로 창작하라고 은근히 타이르는 내용을 서술하고 있다. 화전가가 내용에 있어서도 품격이 있어야 한다는 것이다. 그런가 하면 또 다른 「화슈답가」에서는 "김소져의 화전가는 이치에서 어긋

나니 슬프도다. 되고말고 두어쥴은 대신 ᄒ야 답을 썻스나 이것밧게 안
되스니 쥬졔넙다. 츈마구고 널이탁양 ᄒ압시와 ᄒ번 우서 버리시압" 이
라 하여 화전가를 창작하거나 화전가에서 표현해야 할 이치, 즉 규범
이나 전범이 있으며 화전가의 창작에 있어서는 이를 명확히 구현하여
야 함을 설파하고 있다.

너희소위 남즈로서 지각이 그럴손가	학업은 간듸업고 공명도 의ᄉ업서
춘ᄒᄂ 낮잠즈고 추동은 골픽투젼	어룬의 입박기로 엇지타가 웅울웅울

(중 략)

이가ᄉ 보온후이 학업을 슝샹ᄒ여	문호를 부지ᄒ고 공명을 바리쇼셔
	〈틱평 화젼가〉

「틱평 화젼가」에서는 남성과 여성이 화전놀이의 현장에서 만나
논쟁하는 내용이 서술되어 있다. 남성들이 여자들의 화전놀이가 지니
는 의미를 인정하지 않고 이를 비웃게 되는데 이에 분노한 여성들은
자신들을 비웃고 있는 남성들이 실제로는 학업도 제대로 수행하지 않
고 벼슬길에도 나아가지 못하였으면서 낮잠과 골패투전을 일삼고 있
다고 통렬히 비판하고 있다. 남성으로서 해야 할 의무는 제대로 하지
못하면서 여성으로서의 올바른 도리를 다하고 있는 여성을 무시하고
권위만 과시하려 하고 있음을 나무라고 있는 것이다.

자탄가는 여성이 겪는 삶의 여러 고통을 토로하고 있는 작품군으
로서, 혼인으로 인한 시집살이의 고통과 이로 인한 한탄, 그리고 친정
과 동기에 대한 그리움이 형상화되어 있으며 일부에서는 유교적 윤리

에 반항하는 의지가 형상화되어 있다. 여성의 삶에서 혼인으로 인한 시집살이가 일생의 많은 부분을 차지하고 있고 이로 인한 가족과의 단절과 새로운 환경에서의 적응 그리고 노동으로 인한 삶의 고통이 심각한 만큼, 자탄가 유형이 내방가사의 다수를 차지하고 있다.

슬푸다 우리여ᄌᆞ 젼싱의 무ᄉᆞᆫ회포
부모의 깁흔자이 싱아육아 집혼ᄌᆞ이
원슈로다 원슈로다 옛법이 원슈로다
복회시의 마련법을 후싱에 젼ᄒᆞ오니
오ᄇᆞ년 서한정치 여셩의긔 엇지힛노
시집ᄉᆞ리 감옥안의 남존여비 못된풍속
일싱을 다ᄒᆞ도록 인형싱활 출입업다
현모양쳐 이불속의 독슈공방 ᄭᅮᆷ을꿨다

이싱의 여ᄌᆞ되어 십육시 되덧마덧
ᄉᆞᆨ졀업시 이별ᄒᆞ니 그안니 가련ᄒᆞ며 그안니 원통할가
원부모 유행법은 뉘라서 ᄂᆞᆷ엿던고
ᄭᅮᆺ지한 우리몸이 예법을 어일손가
남녀칠셰 부동셕의 십칠팔셰 되고보면
남ᄌᆞ는 ᄌᆞ유되고 여ᄌᆞ는 노예로서
ᄉᆞᆷ죵지에 쳘망슉이 쳘거지악 밥을먹고
〈ᄇᆞ의쳔ᄉᆞ〉

위의 「ᄇᆞ의쳔ᄉᆞ」에서는 여자로 태어나서 정든 친정 식구와 헤어져 시집에 들어와 고생한 세월들을 반추하며 친족들과의 이별을 안타까워하고 있는데, 특히 부모로 대표되는 친정 가족들과 헤어지도록 만든 옛 법을 원수라 하였다. 그리고 여성에게만 가해지는 이러한 시집살이의 고통과 남존여비의 풍속을 비판하고 있다. 그리하여 남자는 자유로운 존재, 여자는 노예라 하면서 출입도 자유롭게 못하는 자신의 삶이 인형과 같으며 삼종지예라는 철망 속에 칠거지악 밥을 먹고 현모양처 이불 속에 독수공방의 꿈을 꿨다며 비유를 통해 자신의 삶을 통렬히 비판하고 야유하고 있다. 이러한 인식이 작자만의 인식이 아니었기에 또 다른 내방가사에서는 여아가 탄생하였다고 하면 문 앞의 거지

도, 지나가던 과객도 찡그리고 혀를 차게 된다고 표현하였던 것이다.

쌍학방패 분홍관대 사모각대 잡아매고	공단사모 익선꼬지 머리우에 둘러씨고
부선일배 서답일배 예절도 빈빈할사	동방화촉 첫날밤에 둘이모여 앉았으니
같은연기 묘한모양 보난이도 앙정하다	인간에 이런자미 어데다 비하올꼬
백년간 일생은 남다름이 없건마는	원수로다 원수로다 내신세 원수로다
열일곱살 들은나이 저늙은이 만났고나	연분인가 발금인가 난장맞은 배필인가
늙어도 몹시늙다	<원한가>

　위 「원한가恕恨歌」는 십칠 세의 처녀가 몰락한 양반인 백발 늙은이의 후처로 들어가 갖은 고생을 하는 자신의 신세를 한탄하는 가사이다. 화자는 꽃다운 열일곱에 신랑이 누군지도 모르고 결혼을 하게 되는데, 첫날밤이 되어서야 신랑이 자신보다 나이가 지나치게 많은 백발의 늙은이라는 것을 알게 된다. 그리고 자신이 저와 같은 늙은 신랑과 만난 것은 부부의 인연인지 아닌지도 모른다고 하면서 남편의 외양과 행동거지 하나하나를 비유와 해학을 통해 묘사하면서 마음에 들지 않는 자신의 마음을 드러내고 있다. 그러나 결국 어쩔 수 없음을 인지하고 남편의 모습들을 다시 합리화하게 된다. 결국 여성은 불만족스러운 현실을 수용할 수밖에 없는데, 이는 유교윤리를 내면화한 상층 신분의 여성으로서 이러한 상황을 벗어날 마땅한 대안을 가지지 못하였기에 직면할 수밖에 없는 당연한 귀결이라 할 수 있을 것이다.

장장추야 긴긴밤이 동니할미 불너다가　　　옛말로 벗을숨아 밤시우즈 언약ㅎ니
그할미 흥령ㅎ여 개가라 하는말이　　　　청츈소년 빅발되면 다시졈지 못ㅎ리라
아모기 맏쌀이 기가가서 편안ㅎ지　　　　늘건몸 장뇌되여 토공선생 못속인다
세상스 싱각ㅎ니 붓쳐바게 쏘인난가　　　이닉말슴 책망말고 후일이면 딕졉ㅎ리
무졍셰월 여류ㅎ여 옥인홍안 졀로늘네　　할미년의 부동으로 암만해도 못참겟다
남무아비 타불 백년벗님 졈지ㅎ여　　　　주옵소서 비나이다　　　　　　〈과부가〉

　「과부가寡婦歌」는 십오 세의 나이로 출가한 여인이 결혼한 지 보
름 만에 남편이 병을 얻어 죽음으로써 그 상심의 심정을 읊은 가사이
다. 남들은 달마다 놀이를 가는데 자신은 짝이 없어 매일같이 흐르는
것이 눈물이요, 짓는 것이 한숨이라 하였으며, 이 모든 것이 낭군이 없
기 때문이라 하였다. 야월삼경 깊은 밤에 설움을 참기가 힘들어 친구
를 찾아가 보지만 이 집 저 집 친구들은 모두 낭군이 있고 남편이 없는
외로운 신세인 것은 자신뿐이라 하였다. 그리하여 백년을 해로할 새로
운 짝을 희구함으로써 재가의 의지를 드러내고 있다. 재가금지라는 사
회제도로 인해 고통을 당하는 여성의 입장을 드러냄으로써 인간의 본
능적 애정을 긍정하고 이를 억압하는 중세적 제도에 대해 비판과 도전
의식을 보여 주고 있는 것이다.
　그런데 자탄가에서 드러나고 있는 고통스런 삶은 모든 여성들에
게 가해지고 있는 불합리한 억압구조 때문이라 볼 수 있다. 따라서 이
러한 억압구조를 해체하고 남녀평등의 세계를 지향해야 할 것임은 당
연한 결론이라 할 수 있을 것이다. 그러나 계녀가에서는 이러한 억압
구조를 개선하려는 의지가 그다지 드러나지 않으며 오히려 이를 고착

화하는 내용이 곳곳에 배어 있음을 확인할 수 있다. 이는 무엇보다 시집살이라는 새로운 삶을 수행해 낼 수 있도록 교훈을 제대로 전달하려는 서술자의 의도, 즉 딸에 대한 어머니의 사랑과 염려가 문면에 드러난 것으로 볼 수 있다. 이와 동시에 계녀가를 서술하고 있는 화자가 며느리의 단계를 지나 시어머니의 입장으로 변화하였기에 강력한 주부권을 지닌 내당의 주인으로서 더 이상 세계를 불만족스럽게 여기지 않으며 남성과 동일한 지배계층으로서의 인식이 드러나고 있기 때문이라 할 수 있다. 따라서 딸에 대한 안타까움과 연민이 계녀가의 바탕에 있으면서도 시집살이의 고통을 이겨내고 유학적 도리를 온전히 내면화한 존재로서의 자부심이 중층적으로 드러나고 있다고 볼 수 있다. 이러한 의미에서 계녀가는 지배 이데올로기에 속해 있으나 그것으로부터 일정 정도 벗어나 있다고 할 수 있다.

또한 화전가의 경우 남성들도 화전놀이에 참가하여 화전가를 창작하기도 하고 있으며 화전가와 그 답가의 창작을 통해 남녀의 논쟁이 드러나 있기도 하다. 또한 남성 중심의 사회였음에도 불구하고 화전가에는 당당하게 여성의 자존을 설파하고 있는 작품들도 다수 존재하고 있다. 그런데 이와 같은 작품들은 어느 정도 연륜이 있는 여성들이 창작하는 것이 대부분이다. 따라서 가정 내에서 오랫동안의 시집살이를 통해 주부권을 확보한 여성들의 경우 남성과 같은 기득권 계층의 인식을 보이고 있어 시집살이의 고통이나 삶의 슬픔을 드러내기보다는 유학적 질서에 대한 옹호와 남성과 대등한 자존의식을 보이고 있다.

4. 내방가사의 현대적 계승과 가문의식

내방가사가 조선조를 중심으로 성행한 갈래라는 것은 가사의 사적 전개를 감안했을 때 당연한 결론이라 할 수 있으나 남성의 가사가 현대에 이르러 더 이상 창작되지 않는 가운데서도 여성의 내방가사는 지속적으로 창작되어 왔다. 조애영, 고단, 이휘 등의 여성들에 의해 내방가사가 창작되고 있으며 칠곡의 벽진이씨 가문 등 특정 가문을 중심으로 기념문집이나 가사집 편찬과 같은 내방가사의 발간작업도 꾸준히 이어지고 있는 것이다. 또한 안동의 '내방가사전승보존회'가 주도하는 '내방가사경창대회'가 개최되는 등 창작과 향유, 전승의 새로운 방식이 모색되고 있기도 하다. 이정옥은 2000년 경상북도 5개 지역을 5차례에 걸쳐 향유자 현황을 취재하여 총 99명의 제보자 인적사항을 제시하였는데, 이를 통해 현대에서의 내방가사 창작과 전승이 어떻게 이루어지고 있는가를 어느 정도 짐작할 수 있겠다. 현대의 급격한 변화 속에서도 전근대적 문학 양식이 지속적으로 창작되고 있다는 것은 내방가사에 대한 작자층의 선호 현상을 짐작하게 한다.

그런데 최근의 근세 역사에서는 정치적인 면만을 보더라도 한일합방과 일제의 침탈, 좌우익의 대립 및 6·25 전쟁, 4·19 혁명 등이 연이어서 발생하였다. 또한 근대화와 산업화가 진행되면서 조선조를 지탱해 왔던 농업 중심의 산업체계가 급격한 변화를 겪고 있으며 남성 중심의 가부장제 또한 급격히 해체되고 있다. 따라서 현대작 내방가사에는 이러한 시대의 변화와 그 속에서 살아가는 여성들의 힘겨운 삶이 여실히 드러나 있다.

반도강산 삼천리에 이천만즁 운운ᄒ중　　나도민족 일분ᄌ로 일편령뒤 갓췃것만
인간삼락 됴타ᄒ들 닉몸 아녀ᄌ되고　　삼종지의 지즁ᄒ나 닉몸에는 관계업다
풍상고락 부지즁에 어언광음 륙슌이라　　빅발이 공도되니 홍진만ᄉ 쯧이업닉
ᄎ세상에 싸인흔을 명명하신 상뎨젼에　　ᄎ례ᄎ례 발원ᄒ야 빅두산하 남향나라
장부몸이 되야나셔 국가ᄉ업 다ᄒ후에　　동서양의 위인으로 류방백셰 ᄒ야불가
　　　　　　　　　　　　　　　　　　　　　　　　　　　　　　〈술지〉

　　최송설당이 창작한 「술지」는 여성에게 있어 삼종지의가 중요하나
자신은 이러한 윤리와 관계없다고 말하고 있으며, 남자로 다시 태어나
동서양이 널리 인정하는 위대한 인물로서 후세에까지 이름을 널리 알
리고자 하는 소망을 드러내고 있다. 남성으로 다시 태어나 새로운 삶
을 살고자 하기에 남성 중심의 차별적 인식은 크게 개선되지 못하였다
고 할 수 있으나 여성으로 태어난 운명에 순응하지 않고 새로운 삶을
희구하고 지향하는 세계가 특정한 지역에 머물지 않고 우리나라 전체
나 동서양으로 설정되어 있어 공간적 인식이 확대되어 있는 점은 전대
의 내방가사와는 확연히 달라진 것이라 할 것이다.

이가정을 두고보면 시조모님 층대분과　　사감봉사 받드다가 일자후손 끊어지니
인간에도 죄가오나 조상에도 득죄로다　　그때같이 죽자해도 차회라 이몸이여
죽지도 못할형편 칠십당상 조모님과　　가련하신 시모님은 누가봉양 하옵시며
돌전에 어린여식 누가길러 살려내며　　친가에 우리모친 우리들 삼남매를
엄부없이 길을적에 장중보옥 여기시와　　어르고 훈계하여 주옥같이 길러내여
동서남북 보낼적에 남다른 너의솟처　　부귀등명 잘되어서 자조자조 내왕하라
신신훈계 하신말씀 지금또한 쟁쟁하다　　금당사를 생각하니 부모님께 중천대욕
봉조악경 어이할고 칠거죄악 범했도다　　오호라 이몸이여 어이어찌 하면될까
천사만염 생각해도 불고처지 되었도다　　　　　　　　　　　　　　　〈심회가〉[1]

206

위 내방가사에는 화자는 청송심씨 가문에서 태어나 십칠세에 남녀간의 정도 제대로 모르는 남편과 결혼한 후 환갑에 이르도록 살아온 자신의 인생역정을 서술하고 있다. 남편을 일찍 사별한 후 넉넉지 못한 형편과 변화하고 있는 환경 속에서도 시부모와 어린 자식, 그리고 시집 식구들까지 건사하며 가정을 꾸려 온 그녀의 삶은 참으로 지난한 것이었다. 그리고 고통을 이길 수가 없어 '자결하랴 쓰러지니 생명은 위태하여 창황상조 후려잡고 같이죽자 통곡' 하였으며 간신히 목숨을 건진 후에도 '살 일을 생각하니 암담하기 그지없었다' 고 절망의 세월을 탄식하며 살아왔던 것이다.

경인년 오월달에 인민군이 남침하니   별안간에 당한난리 막을길이 바이없네
(중 략)
그중에도 우리중씨 어진성품 타고나서   천사같은 마음씨로 구고양위 봉제사며
동기종반 접빈객을 한날같이 섬기셨네   호사다마 생활속에 하루해가 부족이나
시력잃은 시누식솔 모두를 거두셨네   종가방문 많은손님 동냥걸인 차별없이
따뜻하게 대접하여 종부자격 치졸없다   좋은소식 좋은범절 친당까지 들리오니
아배어매 하신말씀 여자도리 당연하다   시부모에 효도하고 동기우애 하고보면
명문대가 높이나고 효자후손 둘것이라   우리부모 하신말씀 어제들은 말씀같다
                                                 <중씨사모가> [2]

위 「중씨사모가」에서는 화자의 언니가 시집을 가서 살아온 인생

---

1) 장점규, 경북 안동시 법상동.
2) 이동자, 대구시 북구 산격2동.

역정을 서술하고 그 덕을 칭송하고 있다. 중씨는 봉제사접빈객에 시력을 잃은 시누 식술까지 거두어 봉양하며 최선을 다하며 살아왔다. 6·25 전쟁으로 피난봇짐을 꾸려 산골로 피난을 가고 이후 자식들과 시댁 식구들과 부딪치며 힘겹게 오늘을 일구어 온 강인한 어머니로서의 중씨의 삶을 긴 사설을 통해 드러내고 있다. 세상의 변화와 이로 인한 힘겨운 여성의 삶, 그리고 남녀차별의 중세적 질서가 해체되는 모습이 내방가사의 곳곳에서 서술되고 있는 것이다.

그런데 시대가 변화하고 지배적 사회 윤리가 바뀌었음에도 불구하고 내방가사에 드러나는 여성의 삶과 그 인식은 지난 시기 내방가사의 모습과 그리 달라지지 않았음을 확인할 수 있다.

> 하해같은 이소견이 비부지라 알건만은
> 구곡간장 타는분을 속치부만 하자하니
> 자다가 꿈에나마 남자한번 되어보면
> 제가장한 남자라고 오늘보고 내일봐도
> 숙덕숙덕 흉을보아 업시하고 능멸하니
> 몇푼어치 안된남자 가소롭고 같잖더라
>
> 여자몸이 죄가되어 유구무언 말못하고
> 사사이 생각하니 그아니 분할손가
> 주점찾는 저남자는 묻는말도 대답없고
> 옆눈으로 비식보아 여자라고 업신여겨
> 더욱분해 못살겠네
> 아모리 여잔달사 그만남자 양두하리
> 〈여자탄식가〉[3]

여자 몸이 죄가 된다는 것은 남녀 차별로 인한 것으로 볼 수 있으며 작자 또한 이러한 의미로 썼을 가능성이 있음을 부인할 수는 없을 것이다. 그러나 여자 몸이 죄가 된다는 표현이 단순히 이러한 의미로

---

3) 최희, 경남 거창군 우천면 강천리.

해석하기보다는, 유가의 예법, 양반가의 여성에게 요구되는 여자의 규범이 남자와는 다르기에 남성과는 달리 자신의 의사를 드러내기보다는 이를 부덕의 소치로 여기고 인내하며 이러한 상황을 극복하였음을 서술하고 있는 것으로 보아야 할 것이다. 근대화가 이루어지고 남녀평등의 가치가 실현되고 있음에도 기본적으로 여성의 도리에 대한 내방가사 창작자의 인식은 지난 시기와 별반 달라지지 않은 것이다.

고대광실 큰집에서 홀연히 혼자앉아
심중의 무한정수 가는길은 구천이라
가신양반 더듬어서 지난일을 회상하니
빈 청에서 통곡한다 척따라 의복이며
생시와 다름없이 조석으로 문안해도
통곡도 하였으나 부질없는 일이로다
가신양반 상봉하여 심곡에 쌓인회포

고진감래 흥진비래 오는일을 상상하니
자식자손 가득하나 내마음을 어찌알리
텅빈듯한 이내심사 미치는듯 취하는 듯
침구등절 손질하나 어느날에 반길까요
아는기척이 없사오니 내회포를 자아내어
남이알까 조심이라 진애세상 하직하고
속시원히 자아낼꼬   〈망부가〉[4]

　　경주 최부자의 딸로 태어난 위 내방가사의 작자는 망부가를 써 벽에 붙여 놓고 젊은 시절 타계한 남편을 그리워하고 있다. 자식조차 알지 못하는 그리움을 철 따라 의복을 짓고 생시와 다름 없이 조석으로 문안을 하며 달래려 하지만 제대로 되지 않는다. 그리고 남이 알까 마음대로 그리움을 표현조차 못하며 홀로 삭이고 있는 것이다. 남편이 사망하였음에도 시부모 봉양과 자식 보육을 마다하지 않으며 사모의 정을 속으로만 쌓고 있는 모습은 이전 시대와 비교했을 때 소재적 측

4) 최희, 경남 거창군 우천면 강천리.

면에서 몇몇 달라졌다고 볼 수 있으나 그 정서나 해소의 방식 등에서
는 전혀 변화를 확인할 수 없다.

　　이러한 인식과 태도의 근원에는 뿌리 깊은 가문의식이 자리 잡고
있다고 할 수 있다.

안동땅 온혜리에 명가후예 귀한딸로　　　여공지절 습득하고 양서가 범절있어
의성김씨 법문가에 이십사대 종부자리　　우리중씨 출가하여 호사다망 하였어라
　　　　　　　　　　　(중　략)
부모슬전 자랄적에 살뜰하신 많은교훈　　삼강오륜 삼종지도 자아시로 배우면서
아녀자의 당한직분 침선여공 접빈객을　　몸소행해 보이시며 팔남매를 키우셨네
　　　　　　　　　　　　　　　　　　　　　　　　　　　　　　<중씨사모가>[5]

　　양반가문이 밀집해 있는 안동땅 온혜리에서 명문가의 후손으로
태어난 중씨는 퇴계학맥의 정통을 계승하고 있는 의성김씨 가문에, 그
것도 종부로 시집을 가게 된다. 중씨가 격변의 현대사를 살아오면서
봉제사접빈객을 실천하고 모든 시댁 식구들을 건사하며 살아올 수 있
었던 것은 무엇보다 부모슬하에서 자랄 때 받았던 삼강오륜과 삼종지
도의 도리에 대한 교육 때문이었으며 이러한 윤리를 실천하며 팔남매
를 키워 온 부모님의 모범이 있었기 때문이었다. 특히나 자신의 출신
가문과 시집 가문에 대한 자부심, 그리고 그 명예를 드높이고자 하는
의식은 시집살이의 고된 삶을 지탱해 온 의식의 근원에 자리잡고 있다

---

5) 이동자, 대구시 북구 산격2동.

고 하겠다.

　퇴계 이황의 학맥에 대한 선호가 오랫동안 지속되어 왔으며 가문의 권위에 순종하고 직계 친족을 중심으로 결속하는 것이 일반적이었던 영남지역에서 가문의식은 매우 보편적이라 할 수 있다. 특히나 가문의 영속과 그 영광을 상징하는 종가宗家의 권위는 절대적이라 할 수 있다. 일반적으로 종가는 가문의 영향력이 직간접적으로 미치는 종택宗宅과 선산先山, 재실齋室, 서당書堂과 정자亭子, 서원書院 등의 공간을 의미한다고 할 수 있다. 그러나 향촌 구성의 시기가 앞설수록 주도적 성씨나 가문을 중심으로 한 집성촌으로 존재해 왔고 다성부락 또한 특정한 한두 성씨를 중심으로 구성되어 있기에 실제 종가의 영향력은 한 가문과 관련된 역사적 유적이나 활동공간에만 머물지 않고 향촌 전체에 미친다고 볼 수 있다. 따라서 공간적 의미에서 종가의 영역은 종가 구성원들이 활동하고 있거나 활동해 온 곳을 의미하고 있으나 종가의 영향력이 미치는 기능공간으로 본다면 부락 전체로 볼 수 있으며, 부락의 경계를 뛰어넘기도 한다.

　종가의 위상은 입지立地에서도 확인할 수 있다. 다소의 차이는 있으나 종가의 위치는 마을의 안쪽에 위치하고 분가한 자손들은 그 안쪽에 터를 잡아 종가가 자손들의 주택들을 감싸안는 형상이라 할 수 있다. 종가를 중심으로 동족 부락이 형성되며 마을이 구성되는 것이다. 또한 종가는 풍수지리적으로 혈의 위치를 점하고 서 있기에 종가의 뒤편에 인접하여 집을 짓는 것은 혈을 누르는 형상이라 할 수 있어 대체로 금기시된다. 종가가 한 문중, 한 부락을 대표하는 존재로서 기능하고 있는 것이다.

이러한 점에서 종가의 권위는 절대적인 것이었으며 종가의 종통宗統을 계승하고 그 권위를 상징하는 종손과 종부의 자부심은 매우 특별한 것이라 할 수 있다. 그런데 오늘날까지도 종가의 예법과 명예를 지켜오고 있는 종부들은 명망 있는 가문의 후손으로서 어려서부터 삼강오륜과 삼종지도를 비롯한 유가적 예법을 익히고 여공을 배워 온 사람들이다. 그리고 일상생활 속에서 예법을 온전히 실천하고자 노력하며 이를 완수하지 못했을 경우 시가의 가문뿐만 아니라 친정 가문에도 누를 끼친다는 생각을 하고 있다. 따라서 근세의 숨가쁜 변화에 편승하여 적절하게 적용하기보다는 전대의 유학적 질서에 순응하며 윤리적 절대성을 추구하는 경향을 띠게 되는 것이다.

근세 이후 현재까지 내방가사를 전승해 온 주체는 이러한 명문가 집안의 여성이 중심이며 특히나 종부의 수가 결코 적지 않다. 시조와 가곡, 잡가 등의 전통적 방식의 시가들이 근세 이후 급격히 사라져 갔음에도 불구하고 내방가사가 지속적으로 향유되고 창작되어 온 것은 이들 여성들의 역할이 가장 중요했다고 볼 수 있을 것이다. 따라서 이들의 작품에서는 지난 세월에 대한 한탄과 안타까움뿐만 아니라 유학적 도리와 전통적 가치를 수호해야 한다는 의무감이 드러나 있다. 마땅히 지켜야 할 의무와 도리를 다 하지 않고 권위만 세우려고 하는 남성에 대해서는 "옆눈으로 비식보아 여자라고 업신여겨 숙덕숙덕 흉을 보아 업시하고 능멸하니 더욱분해 못살겠네"라 하면서 "몇푼어치 안된남자 가소롭고 같잖더라"라는 비판과 분노를 표출하고 있는 것도 명문가 출신으로서의 자부심과 예와 도리를 다했다는 만족감이 바탕이 되었던 것이다. 이들 여성들이 힘든 시집살이를 거쳐 주부권을 확보하고 시집살이를 시키는 연령대이기에 남성 우위의 가부장제를 긍정적으로 인식하고 기득권적 시각을 노출하고 있다는 것도 일면 사실일 수 있으나 그 이전에 명문가 여성으로서의 자부심과 가문의식 그리고 전통 수호에 대한 의무감이 바탕에 있음을 인식하여야 할 것이다.

내방가사는 남성가사에서 시작되었으나 여성들의 향유공간 속에서 창작·향유되고 발전해 나간 대표적인 여성 문학양식이라 할 수 있다. 그리고 여성들의 삶과 직결된 모든 행위가 문학적으로 형상화한 것이기에 지극히 일상적인 문학이라고도 할 수 있다.

내방가사가 성행하게 된 배경으로는 주자학적 이념의 확산과 밀접한 관련을 맺고 있다고 할 수 있다. 양반 여성들 또한 일정 수준 이상의 주자학적 교양을 요구받았던 것이다. 더구나 조선조 후기 관직으로의 진출이 점차 어려워짐으로써 혼인을 통해 가문의 위신을 고양하고 유지하려는 사대부들의 요구가 커짐으로써 여성 교육이 더욱 활성화되었다고 할 수 있다. 특히나 타 지역에 비해 주부권이 강했던 영남은 내외 개념의 철저한 적용으로 인해 여성의 지위가 상대적으로 강했던 반면 가부장제가 확산되고 경제적 문제에 대한 책임까지 여성들이 떠맡음으로써 삶의 고통과 갈등 또한 더욱 심각하게 체험할 수밖에 없었다. 따라서 내방가사의 창작과 향유를 통해 이를 해소하려는 욕구가 더욱 강하였기에 내방가사의 창작이 타 지방보다 더욱 활성화될 수 있었던 것이다.

내방가사는 여성들의 삶과 직결된 모든 행위가 형상화되어 있으며 주제에 있어서도 여성의 삶 전반을 다루고 있다고 할 수 있으나 가장 주요한 여성들의 정서를 다루고 있다는 점에서나 전승작품의 양에 있어서나 시집살이의 규범과 해야 할 일을 가르치기 위한 계녀가, 화전놀이를 행하며 느낀 정취나 감회를 표현한 화전가, 시집살이를 비롯한 삶의 여러 고통을 토로하고 있는 자탄가의 세 갈래가 내방가사를 대표한다고 할 수 있다.

　　또한 현재까지도 창작되고 있는 내방가사에는 변화된 시대상 속에서 겪는 여성들의 삶이 여실히 드러나 있을 뿐만 아니라, 삶의 고통을 회피하지 않고 유학적 도리를 지키며 살아가는 여성의 모습이 온전히 드러나 있다. 시조와 가곡, 잡가 등의 전통적 방식의 시가들이 근세 이후 급격히 사라졌고 남성작 내방가사도 더 이상 창작되고 있지 않음에도 내방가사가 지속적으로 창작되고 향유되어 올 수 있었던 것은 영남을 중심으로 그 권위를 인정받고 있는 종부로 대표되는 명문가 출신으로서의 자부심과 가문의식, 그리고 유학적 이념과 전통적 가치를 지켜 가야 한다는 의무감이 그 바탕이 되었다고 할 수 있다.

심회가(원문)

건곤이	초판할세	만물이	생겼으니
고귀할손	인간으로	연좌유복	여자인데
생사윤회	그공로로	명암재회	이월이라
길흉화복	같지않고	수요장단	같지않네
강호재현	식자분과	향촌여생	형우들아
이내생기	읽으시고	나의소회	들어보소
낙동강	상류지	청량산	줄기밑에
예안삼계	안락지로	청송심씨	가문에서
명문가족	복덕가로	부귀공명	누릴적에
칠일정기	유복녀로	이몸이	태어나서
엄훈을	모르옵고	편모슬하	고이자라
요조숙녀	본을받아	만고귀여	되었더니
남의경사	부럽구나	오매불망	한이련가
우리백남	형제분이	아버지와	다름없이
애지중지	사랑하여	업어주고	안아주며
인가고해	모르옵고	어머님의	지극사랑
따뜻한	슬하에서	세월간줄	몰랐더니
무정광음	여루하여	오고가는	빠른세월
어느덧	십칠세라	가소롭다	여자본분
삼종지도	원수로다	관후하신	우리백부
형제분이	상의하여	존문귀택	고르시고
방연석재	고르다가	녹전면	신평동에
의성김씨	가문으로	나의혼사	결정하니
여자의	정결심회	재가종부	고법대로
여타여피	말할손가	그때가	언제던고
병자구월	이십이일	만산홍엽	단풍잎은

금수장을	장식하고	만인간의	깊은흥취
선선히	도우는듯	이몸은	어찌하야
좋은줄도	모르고서	수줍고	부끄러워
조급히	지내다가	어느덧	야경되여
황홀한	마음으로	화촉동방	들어가니
촛불앞에	앉은소년	기척도	아니하고
저편으로	자리잡고	묵묵불원	말이없네
체신하고	앉고보니	저소년	거동보소
의관도포	입은채로	이리뒹굴	저리뒹굴
어린아해	장난치듯	불끌줄도	모르는 듯
우습기	짝이없네	상하의복	내가벗고
금침속에	들어가니	오십리	초행길에
무수히	피곤한듯	정신없이	잠이드니
연약한	소년이라	은공한	마음으로
조심하여	누었다가	개명성	들려와서
황급히	일어난후	모친방에	들어가니
다정하신	우리엄마	두렵고도	깊은사랑
부모밖에	또있는가	아침조반	먹은후에
상객손님	떠날적에	같이가려	나섰으니
우리종반	여러분이	만단으로	말유하고
백방으로	타일러서	사오일	경과후에
단신으로	회정하니	서운하기	그지없고
섭섭하기	짝이없네	부부지간	천정인지
말한말	나눔없이	무슨정이	들었던가
조조묘묘	사렴이라	일년을	지난후에
지자욱의	고법따라	신행날을	택정하니
정축지월	이일이라	부모형제	멀리하고
시가로	입문하니	일거일동	조심되고
마음붙일때	전혀없네	유익무익	모르고
삼사년을	지나도록	시아버님	신환으로

온갖정성　　　봉양해도　　　일호차감　　　없으시고
점점중환　　　심하시와　　　수산은　　　　고사하고
오십전　　　　향년으로　　　단란한　　　　이가정을
내게부탁　　　하시옵고　　　이세상을　　　마치시니
애통망극　　　어이하며　　　출생후에　　　초당사라
시조모님　　　상명지통　　　시어머님　　　붕성지통
우리들에　　　망극지통　　　그누가　　　　알아주며
어이다　　　　말할소냐　　　생시에　　　　별난자애
더욱망극　　　그지없네　　　하늘도　　　　무심하고
신령님도　　　야속하다　　　여막에　　　　상주예절
부지분수　　　가관이라　　　조모님의　　　정성으로
어머님의　　　애정으로　　　신학교에　　　다니다가
십구세　　　　당하여서　　　그해가　　　　언제던고
경신삼월　　　십이일날　　　일기도　　　　화장하고
만물이　　　　회생이라　　　앞산에　　　　두견화는
봉접이　　　　회롱하고　　　후원에　　　　걸린달은
옛주인　　　　기다린듯　　　수하에　　　　정결심화
종잡을길　　　없으리라　　　한두달이　　　지나가니
생사가　　　　판단이라　　　살길을　　　　생각하니
뉘게의지　　　하오리까　　　믿고또　　　　믿은것은
분수없는　　　저가장이　　　한해두해　　　어서가서
나이들고　　　철이들면　　　이가정을　　　여구할까
고대관망　　　믿었더니　　　인간에　　　　운명이란
화불단행　　　그지없네　　　반년이　　　　못되어서
우연득병　　　깊이들어　　　가운이　　　　비색한지
나의분복　　　미련인지　　　추호도　　　　차효없시
갈수록　　　　더중하니　　　명산대천　　　찾아가서
백일정성　　　기원해도　　　천신께도　　　덕이없고
고소원도　　　허사로다　　　편작도　　　　소용없고
백약이　　　　무효로다　　　할수없이　　　이세상을

영원길로　이별하니　천지신명　알음없고
일월또한　야속하다　오호통재　내청춘아
유유창천　차하인재　강산이　저무는듯
수운이　침침하다　천지가　혼합하여
생사불변　정신으로　묵묵부답　앉았더니
시어머님　층대분이　만고없는　그자제를
어이아니　어색할까　자결하랴　쓰러지니
생명은　위태하여　창황상조　후려잡고
같이죽자　통곡타가　간곡하신　의료받고
목숨은　건졌으나　살일을　생각하니
암담하기　그지없네　죽은목숨　체념없고
남은목숨　모지도다　동방작배　만난지도
단오년이　못되어서　유별유정　모를망정
억색관경　웬일인고　만승천자　진시황도
불사약을　못구했고　분수추풍　한무제도
일거분부　그만이라　이가정을　두고보면
시조모님　층대분과　사감봉사　받드다가
일자후손　끊어지니　인간에도　죄가오나
조상에도　득죄로다　그때같이　죽자해도
차회라　이몸이여　죽지도　못할형편
칠십당상　조모님과　가련하신　시모님은
누가봉양　하옵시며　돌전에　어린여식
누가길러　살려내며　친가에　우리모친
우리들　삼남매를　엄부없이　길을적에
장중보옥　여기시와　어르고　훈계하여
주옥같이　길러내여　동서남북　보낼적에
남다른　너의숫처　부귀등명　잘되어서
자조자조　내왕하라　신신훈계　하신말씀
지금또한　쟁쟁하다　금당사를　생각하니
부모님께　중천대옥　봉조악경　어이할고

218

칠거죄악　　　범했도다　　　오호라　　　　이몸이여
어이어찌　　　하면될까　　　천사만염　　　생각해도
불고처지　　　되었도다　　　불쌍한　　　　그고혼과
넘어진　　　　이가정을　　　새로잡아　　　위하리라
단단맹세　　　굳게먹고　　　살아날일　　　생각하니
초목또한　　　슬퍼하네　　　그때해년　　　어느땐고
임오섯달　　　초팔일날　　　엄동설한　　　닥쳤으니
악묵한천　　　그아닌가　　　춘하추동　　　사시절을
자고지금　　　변함없이　　　년년히　　　　돌고돌아
춘풍추우　　　화기월명　　　말없이　　　　지나가도
첩첩이　　　　쌓인회포　　　굽이굽이　　　썩은심회
뉘와소회　　　하여볼고　　　한갓의지　　　할곳이란
시어머님　　　후품섬덕　　　저에애훌　　　하옵기로
천사만염　　　다짐하고　　　태산같이　　　빋었디니
시모의　　　　억만억경　　　만수심이　　　첩첩들어
우연심화　　　병이되어　　　나날이　　　　줌하신이
또어찌　　　　하란말가　　　놀랜간장　　　썩은심정
동서남북　　　다니면서　　　문약시탕　　　극진해도
백약이　　　　무효로다　　　나의효성　　　부족인가
일신양명　　　가운인가　　　오십지연　　　연명으로
이사경에　　　이르시니　　　시탕임종　　　누가하며
어느자제　　　종신할고　　　적막한　　　　빈방안에
시름소리　　　뿐이로다　　　희미한　　　　등잔불은
밤을짐작　　　하는구나　　　삼사월　　　　절은밤은
이다지도　　　지루한가　　　날새기만　　　기다리고
등신같이　　　앉았더니　　　병실에　　　　계시다가
좌우를　　　　돌려보고　　　은근이　　　　부르시니
놀랜듯이　　　다가앉아　　　손을잡고　　　반기오니
기진맥진　　　근력으로　　　가다듬어　　　하신말씀
너에게　　　　부탁할건　　　한량없는　　　이가정과

빈한한　　이살림을　　잔약한　　너한몸에
백사책임　다맡기니　죽을내가　죄가많지
너가무슨　죄가있나　가운이　　비색하고
내팔자　　기박하여　너같은　　현부두고
평생을　　불솔하고　이세상을　버리오니
골수에　　맺힌한이　생전사후　한이된다
내가못다　세운가정　네가부디　성공해라
할말이　　무궁하나　명각에　　걸렸으니
할수없시　그만이라　이말씀　　남겨두고
순식간에　하세하니　오호통재　오호애제
차하인재　웬일인고　진야무야　불각지정
천지가　　아득하다　박복한　　이여인은
신명도　　고약하다　전생차생　무슨죄로
인간에도　득죄하여　환과고독　몸이되여
생전에　　여한죄를　구천에　　돌아가서
한없이　　지내볼까　좌우를　　돌아보니
칠십고령　조모님과　자애한　　우리시매
방성통곡　슬피우니　애닲고도　불쌍하다
그광경을　당하오니　암석도　　부서질 듯
강철도　　녹아질듯　만단비회　하고싶네
심신이　　운무로다　분수없는　여자소견
하소연이　쓸데없고　일가친척　있다해도
위로하는　말뿐이라　쓸쓸한　　이가정은
인적이　　끊어졌네　인간에　　수요장단
누가감히　알아낼고　화목하던　이가정도
설상가상　웬일인고　부운같은　인생살이
허무하기　짝이없네　흘은마음　다시모아
철석같이　굳게먹고　농사를　　시작하여
산전농지　개간하고　농우사고　일꾼되려
근농에　　전염이라　봄이되면　누에치고

220

가을되면
연약한
괴로운
어디다
근근이
각처로
남은세상
어언간
남의아들
하루이틀
불가춘풍
이내소망
옛고인의
조상님의
양자발설
대종가의
쾌히허락
누누히
좀체로
자욱마다
애걸하고
온문중에
어른분네
연소한
만단으로
어린마음
택일한날
고달픈
연만하신
문중에

추수해서
여자몸에
심적고통
애소할고
사는중에
출가해서
낙이온듯
칠세로다
부럽잖케
지내는중
몰랐든이
무엇인고
필씀이라
은덕인지
거론되니
셋째자제
안하시니
애걸해도
불허하사
생각이요
복걸하고
통기하고
다모여서
우리주손
훈계하고
요동없고
뒤로밀고
그세월이
조모님은
어른분들

만백가지
수습하기
어느누가
외로운
시매들
오고가고
강보에
초등학교
조손간에
무정세월
정해년을
고진감래
천지신명
창낭없는
어느조상
완고하신
사소한
사정도
한번가고
자취마다
일년만에
좋은날
양자잔치
한사코
백방으로
굽힐도리
썩은심정
십이년이
칠십팔세
상주세울

골몰중에
골난하다
알아주며
이내몸을
삼종형제
내왕할제
어린여식
입학시켜
만고사랑
여류하여
맞이하여
비례흥진
귀신인지
이차생네
후손인고
종손께서
가정사를
없으시고
두번가고
사령이라
허락하사
택일하여
하렸더니
반대하여
타일러도
전혀없어
뉘가알리
지났으니
별세하사
공론하고

의논이 분분하니 어린것을 데려다가
만단으로 훈계하고 백방으로 타일러서
상옷입고 막대짚고 운상뒤에 따라가니
천신이 돌본건지 조상이 시켰는지
단절하던 그마음이 자연이 회심되여
차차로 정이드니 효성이 지극하고
백사의 하는일이 한가지도 실수없어
문내가 들썩하고 일면이 칭찬이라
무술년을 맞이하여 혼사말이 분분하다
명문규수 골라내고 양가규절 고르다가
서후면 춘파동에 안동장씨 가문으로
은사서신 오고가서 삼월이라 이십일날
만복신행 마쳤으니 일문광체 경사로다
구혼례를 볼려할제 과거에 입시한양
일희일비 맺친감회 종잡을길 바이없고
여광여취 마음으로 만좌중에 나아가니
무색한 내안색이 홍조가 되었는 듯
꼼꼼히 생각하니 불쌍한 그고혼이
상천에 높이떠서 천상에 복을빌어
저애들에 만복주셔 수복다남 하옵기를
유유히 덮으신듯 흔흔하기 그지없네
기특할사 우리자부 들도없는 현부로다
현철하기 짝이없고 요조하기 그지없네
순후한 마음이야 만년주부 떳떳하다
심중에 맺친설움 봄눈녹듯 사라지니
고진감래 옛말씀이 나를두고 하는말가
고목이 봄춘이요 어룡이 득수로다
안밖살림 찾아알고 손자손녀 잘도자라
친손으로 이남삼녀 외손으로 이남이녀
용호같이 자라나고 주옥같이 길려내여

국민학교	고향에서	중학교는	예안에서
대학교는	서울대학	지난날은	잊었는 듯
손자들의	환호속에	세월간즐	모르고서
어언간	육순이라	인간칠십	고래희
내년이면	환갑이라	강호재연	식자분과
향춘영성	형우님들	나의갑일	찾아와서
한자리에	모여앉아	과거사를	술회하고
담소낙유	즐겨보세		

심회가(해제)

심회가心懷歌는 청송심씨 가문의 여성이 17세에 의성김씨 가문의 종부로 혼인을 하여 평생을 종부로 산 삶의 이야기들을 잘 표현해 주고 있다. 옛날부터 종가의 가풍이란 전통가례를 존숭하여 지키는 것이 무엇보다도 중요했다. 이 가사에는 혼례 주인공인 여성의 본가에서 혼례를 올린 후 다음 날 상객이 돌아가도 신랑은 처가에 남아 사나흘을 보낸 뒤 돌아가는 반친영半親迎의 전통적 혼례 날 장면 등 한국 근대 초기의 혼인예식 모습이 생생하게 잘 묘사되어 있다. 특히 신부보다 2살 아래 15세 어린 신랑의 철없는 행동과 1년 후 시댁으로 신행하는 장면 등은 오늘날 결혼문화에서는 엿볼 수 없는 이색적인 풍경이라 할 만하다.

시집오자마자 시작된 시부媤父 병구완으로 시집살이를 시작하여 얼마 되지 않아 시부가 돌아가고, 업친 데 덥친 격으로 19세 학생이던 신랑도 병을 얻어 죽고 만다. 다행히 어린 딸 하나를 얻어 시모媤母, 시조모媤祖母 여성 3대三代가 함께 키우며 위안을 삼던 터에 시모마저 돌아간다. 시모는 죽기 전 며느리에게 부디 현부賢婦가 되어 이 가정과 살림의 모든 책임을 잘 건사해 주기를 유언으로 당부한다. 이제 남성 가장이 없는 종갓집의 오롯한 종부가 되어 늙으신 시조모를 봉양하며 여자 혼자 몸으로 농사와 추수 등 모든 가정의 노동과 경제를 책임지며 어린 여식을 기르면서 종가를 유지해 나간다.

그러나 딸만 있는 종가에서 종부는 대를 이어야 할 막중한 책임이 있었고, 종부로서는 양자養子를 택할 수밖에 없는 현실에 놓이게 된다. 종부는 타 종가의 셋째 아들로 양자를 삼고자 하였으나, 종가의 현실에서 양자를 주는 집도 양자를 받아들이는 집도 입후立後의 문제가 매우 중차대하며 어려운 일이었음을 엿볼 수 있다. 특히 종부로서는 양자를 잘 키워 한 가문의 중심으로 세워 나가는 일이 막중한 책임이었기에 종자의 입후 후 양육에 있어 더더욱 노심초사할 수밖에 없었을 것이다. 특히 이 가사에서 재미있는 것은 우여곡절 끝에 양자로 온 어린 종자가 가문에 적응하지 못하다가 증조모의 상례에 상주喪主가 되는 경험적 일화를 통해서 명실공히 종가를 대표하는 종손으로 자리하게 되었다는 점이다. 양자된 종손은 '한 가문의 종손은 하늘이 내린다'는 종가의 신념을 증명이라도 해 주는 듯 문내門內의 칭찬을 들으며 잘 성장하여 일문一門의 수장이 된다.

이 가사는 양자 삼은 종손 아들이 성장하여 새로이 차종부를 맞아들여 가문을 계승할 자리에 섰고 아랫대의 다복한 손자손녀들 역시 잘 자라 주어 이를 자랑삼아 청송심씨 종부가 다가오는 자신의 환갑날에 모여 과거사를 술회하고 담소 나누고 싶다는 취지의 내용을 담고 있다.

「심회가」의 원저자와 가사 제공자에 대하여

「심회가」는 가사 제공자인 장점규 씨가 청송심씨 가문으로 시집을 가서 시댁 집안 문집을 정리하다가 이 가사를 발견했다고 전한다. 청송심씨 가문의 선대 종부가 쓴 심회가의 글과 내용이 너무 좋아서 장씨가 그대로 옮겨 적었다고 한다.

❀ 종부의 생활 이야기

최정숙(노송정 종부)

인동장씨 가문의 5남매 중 맏따님이신 저의 친정어머니는 생활 형편이 다소 넉넉했던 집안에서 맏이로 별 구김 없이 성장하시다가, 외할아버지께서 "너는 품성이 후덕하고 성실하니 큰집안의 종부감으로 손색이 없구나"라고 평소 말씀하셨던 것이 현실로 되어 18세에 영천최씨 집성촌인 성주법산 죽헌竹軒고택으로 시집오셨습니다. 그리고 83세에 영면하실 때까지 불천위에서부터 사대 기제사 및 차례 제사와 시월 한 달 묘사에 이르기까지 집안의 모든 대소사를 한 번도 거르지 않고 손수 주관하셨습니다. 종가의 종부로서 생애를 마감하신 친정어머니의 생활상을 새겨보면, 진성이씨 노송정의 18대 종부로서 30여 년을 살아온 저의 종부에 대한 정체성 확립에 친정어머니의 훈자는 큰 바탕이 되었음을 새삼 느끼게 됩니다.

어머니의 시가살이 사정은 외가와 달리 그리 넉넉한 살림이 못되어 봄이 되기도 전에 양식 걱정을 해야 했고, 홍역을 앓고 난 딸아이의 미음을 끓일 쌀은 없어도 어른의 밥상은 흰쌀밥이어야 불호령이 떨어지지 않을 정도로 매서운 시집살이를 치러야 했습니다. 할아버지 외상에 할머니와 아버지 겸상, 일꾼상, 삼촌 · 고모님 두리상을 차리다 보면 정작 본인은 모서리에 앉아 양푼에 누룽지를 섞은 보리밥을 퍼서 막내 고모랑 비벼 먹게 되고 한 사람이 숭늉이라도 뜨러 부엌에 나가게 되면 남은 한 사람은 숟가락 들고 기다려야 했습니다.

그런 와중에 위로부터 차례로 여식아를 다섯이나 두었으니 그 나날들이 어떠했을까는 자식인 제가 굳이 표현하지 않아도 상상이 어렵지 않을 것입니다. 저희 어릴 때는 베틀에서 딱딱 북 지나가는 소리를 들으며 잠들었고, 아침 잠에서 깨어날 때도 어머니가 베틀에 앉아계신 모습을 보면서 일어나곤 했었습니다. 밤에는 항상 베틀 위의 어머니랑 이야기를 나누면서 지내는 것이 오히려 정겹다고 생각했었습니다만, 하루 종일 허리 한 번 펴 보지도 못하고 집안팎의 일을 하시다가 밤엔 베틀 위에서 또 밤이 깊도록 베를 짜야 했으니 얼마나 고되었겠습니까.

햅쌀이 나기 전에 제사가 다가오면 해거름에 들어오는 일꾼에게 부탁하여 차나락 한 자투리 배어 오라 일러, 어린 저희들을 모두 재워 놓고 호롱불 심지 돋우어 불을 밝힌 뒤 마루에 보자기를 깔고 혼자 앉아 수수깡을 반으로 접어 나락 한 올 한 올 밤늦도록 다 훑은 후 가마솥에 쪄서 디딜방아에 찧고, 다시 고두밥을 해서 절구방아에 찧어 인절미를 만들어 제사상을 차려야만 했습니다. 술독에 술이 아직 남아 있어도 제사가 다가올 때마다 새로운 술을 빚어 맏물로 청주를 떠서 제주로 챙겨 놓으시기도 하셨습니다.

당시 철부지였던 저희는 엄마가 잠을 안 자고도 살 수 있는 초능력의 인간이라고 생각했습니다.

어머니는 우리 자매들을 앉혀 놓고 무엇은 어떻게 하고, 이건 이렇게 하고, 그건 그렇게 하면 안 되고를 말씀으로 꼭꼭 집어 일러 주시지 않았지만, 사람이 사는 도리를 안주인이 어떻게 해야 식구나 손님들이 불편해하지 않는지를 몸으로 가르쳐 주셨습니다. 맏딸의 중학교 진학은 강력히 주장하시지 못하셨어도, 시집올 때 여섯 살 박이였던 막내 시동생은 두뇌가 명석하다며 그 어려운 살림에도 서울로 유학을 보내셨답니다. 그분이 후일 고위 공직 취임사에서 백형 내외분의 뒷바라지가 없었더라면 오늘날 이 자리가 있었겠느냐시며 목 잠겨하셨을 때 그간의 고된 삶에 만분의 일이라도 보상받으셨을까 감히 짐작해 봅니다.

저의 어머니께서는 "내 집에 오는 사람 빈 입으로 보내서는 안 된다"라는 일념을 삶의 철학으로 삼아 지나가는 과객들도, 심지어는 장사하시는 분들도 먹이고 재워서 보내셨습니다. 밖에서 보기에는 집안이 여유 있는 것처럼 보이지만, 사실 안으로는 허리띠를 졸라매면서 주변에 베푼 적도 많았습니다. 동네 가난한 집안 돌보기를 내 일 이상으로 챙기셔서, 먹을 것이 남으면 누구네 집, 옷가지가 남아도 누구네 집 하면서 이웃 아이들을 챙기시던 어머님의 심부름을 하다 보면 우리 어린 딸들도 무척이나 분주할 수밖에 없었습니다. 또한 어머님은 동네 집안에 초상이라도 나면 그날부터 발인까지 황망 중에 고인에 대한 예우나 손님 접대에 행여 소홀함이 없도록 깨우쳐 주시고 다독여 주심에 상주들은 물론 대소가 일가친척들이 모두 큰 언덕이라며 의지했었습니다. 관혼상제 절차에 대해 어찌 그리 소상히 아시는지 세월이 지나고 제 나이가 이쯤 되고 보니 많이 여쭈어 보고 기록이라도 해 놓을 것을 하는 안타까움이 겹겹이 쌓이기도 합니다.

지병으로 수년간 고생하시던 아버지와 이별하시고 당신 혼자만의 시간이 많아지셨을 때에는 평소에 하고 싶었던 일이라시며 동네에 제사 때 입을 도포가 없는 어른들을 위하여 천만 구입해 오면 노소인척 여부를 불문하고 손수 다 지어 주셨으니, 그때 만든 도포만 해도 50여 벌이 되고, 상복·수의까지 합치면 그 숫자가 손꼽을 수 없을 만큼 많다며 집안 어르신들이 지금도 늘상

말씀하시곤 하십니다. 돋보기 끼시고 날밤을 새워 그 억샌 삼베랑 안동포를 치수대로 말아 가위질하여 등판과 앞판을 만들고, 소매를 달고 깃 달고 섶 달아 한 땀 한 땀 한 자락 한 자락 손끝이 갈라지면서도 이음질하였던 것은 아마도 혼자만의 적막과 외로움을 삭이시느라 더 열중이셨던 것이 아닌가 생각합니다. 그런 어머니를 뵈면서 너무 고생하시지 말라 하면서도 굳이 말리지 못했던 것은 아마도 아버지를 향한 그리움 때문이 아닌가 해서였습니다. 지아비의 말씀을 존경하고 복종하는 것이 미덕인 줄 알고 사셨던 어머니다운 생각이셨겠지요. 어머니도 사람이고 여자였을 텐데, 그전까지 우린 어머니는 그저 어머니라고만 생각했었던 것 같습니다.

그런 어머니를 원망했던 시기가 있었습니다. 종부란 자리가 어떤 자리인지 당신이 겪어 보시고도 대종가의 종부로 시집보내신 어머니가 야속하기 그지없었지요. 아마 저 자신보다 더 두렵고 떨리셨겠지만, 그 자리가 어떤 자리인지 알기에, 또 저를 잘 알기에, 그래서 잘 해낼 수 있을 거라고 믿었기에 별 반대 없이 보내셨겠지요. 어머니의 마음을 지금도 감히 다 이해하진 못하겠지만 그 깊은 뜻을 그림자만큼이라도 이해하고 따르려고 애쓰면서 살아 왔습니다. 언젠가 제 아들이 엄마도 외할머니처럼만 점잖고 곱게 사시기를 바란다고 했듯이 말입니다.

성주에서 안동으로 시집을 오니, 제사 지내는 예법은 물론, 밥숟가락 하나 놓는 것까지 달라 배우고 따르는 데 대단히 고생하였습니다. 더욱이 대구에서 맞벌이를 하면서 안동에서 종부 역할을 하는 것이 결혼 전에 생각했던 것보다 훨씬 더 어려웠습니다. 매번 제사 때마다 대구에서 안동까지 다니는 것을 안타까워하신 시할아버님께서 기제사는 대구에서 모실 것을 지시하신 적이 있었는데, 안동까지 가지 않아도 된다는 안도감보다는 좁은 대구 신혼살림에 대식구들이 모인다는 부담감이 더 크게 다가온 적도 있었습니다.

하지만 신행을 올 때부터 손부 자랑을 낙으로 삼으실 정도로 시조부모로부터 칭찬과 격려를 받아와 이제껏 여러 어려운 난관이 닥쳐도 묵묵히 해낼 수 있었던 것 같습니다. 특히 증손주의 이름을 하나하나 오행에 맞추어 지으시며, 행여나 윗대 어르신의 휘자와 겹치진 않는지 확인해 주실 정도로 자상하셨던 시할아버님과, 집안에서 내려오는 여러 가지 문중 내 고유의 법도를 미리 알려 주셨던 시할머님과 시어머님 덕분에 한 종부로서 성장할 수 있었던 것이 아닌가 생각합니다.

시가집 제사상 차리기에서 친정집과 차이 나는 점이 있는 것은 가가례를 존중한다는 기본 취지가 있지만 제수에 생고기를 사용하고 유밀과를 사용하지 않는 점에 대해서는 너무나 궁금하여 시조부모님께 여쭈었더니 시조부님 말씀이 "우리 문중에서 유밀과를 쓰지 않는 것은 14대조 동항열 시대의 기록에 나오지만, 생고기를 쓰는 것은 기록에서 찾지 못하였다.…… 아마도 서원 향사에서 생고기를 사용하는 것을 사용 허가의 근거로 삼을 수 있을 것이다"라고 하신 적이 있습니다. 저의 생각에는 경제성과 실용성을 고려하여 일찍이 개혁했던 것으로 여겨집니다.

노송정에서는 쌀로 빚은 묽은 탁주에 다시 기장으로 빚은 술을 담아서 용수에 뜨는 방식으로 빛깔 좋은 청주를 빚는다거나, 동네 새댁네와 딸네들은 유월 유두차사 혹은 칠월 칠석차사 때 안마루에 모여 국수 밀고 썰기 솜씨자랑 같은 것을 해마다 해 왔습니다. 또한 정초에는 상하촌 문중 안팎으로 노소 모두 모여 윷놀이 한마당이 벌어집니다. 이때는 집집마다 음식을 한 가지씩 해 와서 같이 나누어 드시면서 문중 단합을 하며, 부인네들이 우리 문중에 시집온 것을 자랑스럽게 여기고 있습니다. 그리고 꽃피는 4월에는 부인네, 딸네들이 화전놀이를 하는데, 해마다 경치 좋은 인근 오미제궁에서 화전을 붙이고 국시나 비빔밥을 장만하여 자연의 아름다움을 즐기는 여유를 가지기도 했습니다. 참으로 각박했던 그 시절을 생각하면 잠시나마 삶의 여유를 느끼기도 하고, 친지간의 돈독함을 북돋울 수 있었던 시간이었던 것 같습니다.

10여 년간 모셨던 시조부모님의 3년상을 마치고 저희 내외는 정식으로 종손, 종부가 되는 절차인 길제사를 올리게 되었습니다. 당시 전국 각 파 종주손 및 대표와 연비연사가분들이 참석하시었습니다. 길제사에 참석하신 많은 분들이 종부인 저를 직접 찾아와 이런저런 인사 말씀과 당부의 말씀을 해 주셨는데, 그때 그분들의 말씀과 예의범절들이 제 마음에 감동과 자긍심을 주기 충분했습니다. 그리고 그때의 자긍심은 지난 30여 년간 노송정 종택을 지키면서 두 아들을 키우며 살아온 제게 든든한 버팀목이 되어왔던 것 같습니다.

종부로 살아오는 데 있어 가장 중요한 부분은 종가와 종손, 그리고 종부 자신에 대한 자긍심인 듯합니다. 저는 다행히 어릴 적부터 친정어머니로 부터 봐 왔고, 시부모님으로부터 배워 왔으며, 문중 여러 어르신으로부터 인정받아 왔습니다. 덕분에 종부로 살아온 지난 삶을 전혀 후회하지 않을 수 있었습니다. 저는 여러분들께서도, 그리고 여러분들의 며느님이나, 따님들도 이런 자긍심을 가질 수 있으셨으면 하는 작은 바람으로 이 글을 끝내려 합니다.

종부소회가

성주법산   영천최씨   죽헌선조   큰문중에
12대종부   종부사명   감당하신   우리어매

요신이력 피력하여 후대에 전하리라
인동장씨 명문대가 넉넉한 생활형편
오남매 맏이로서 후덕하고 성실하신
고매한 품성으로 열여덟살 규수되어
성혼되어 출가하니 효양구고 어김없고
성순군자 하시면서 부창부수 임사지덕
화락차담 하시오니 뉘아니 흠선하랴
팔십삼세 영면까지 불천위 큰제사에
사대봉사 기제사와 시월한달 묘사까지
집안모든 대소사를 빠짐없이 손수주관
종가종부 벅찬임무 훌륭하게 감내했네
우리어메 시가사정 친정과는 천양지차
간난신고 모진풍상 허리띠 졸라매고
여섯남매 키우실제 쉰보리밥 물에말아
허기를 면하면서 고생고생 하신이력
어찌단문 필설로 일일이 나열하랴
생전사후 조상님을 정성껏 모시면서
베틀차려 길삼방직 밤낮이 구별없네
햅쌀이 나기전에 제사가 다가오면
찰벼한단 베어다가 호롱불 심지돋워
수수깡 집게삼아 일일이 훑어내어
가마솥에 쪄서말려 디딜방아 찧어담아
고두밥 다시쪄서 인절미를 빚어내고

새로마련　　술을담아　　용수박아　　청주떠서
제주마련　　제물준비　　그정성에　　감복하리
우리어메　　교훈말씀　　교태교만　　하지말고
봉제사　　　접빈객에　　일가친척　　화목해라
노비박대　　하지말고　　좋은인심　　쌓고쌓아
오복이　　　구전토록　　기원해준　　우리어메
인자하신　　존안성음　　다시뵐길　　영영없네
장하시다　　우리어메　　대소장유　　구별없이
언제나　　　반기시니　　인품이　　　고매현덕
일문에　　　차사니며　　여러남매　　고이길러
남혼여가　　차례대로　　부모역할　　다하셔서
명문대가　　입문시켜　　불천위　　　종부위상
행여나　　　잘못할까　　노심초사　　끝이없다
관혼상제　　예의범절　　소상히도　　알고계셔
동네집안　　초상나면　　초일부터　　발인까지
황망중에　　고인예우　　손님접대　　모든절차
깨우치고　　다독여서　　대소가가　　의지했네
지병으로　　고생하신　　아버지와　　사별하고
여가시간　　많아지자　　도포없는　　어른위해
천만구입　　가져오면　　타성노소　　불문하고
지어드린　　도포숫자　　수십채가　　되어지고
상복수의　　말고지어　　손끝이　　　갈라져서
반창고　　　붙여가며　　재봉틀을　　돌리셨다

<table>
</table>

큰자리	종부자리	묵묵히	감내하며
겪어보신	우리어메	종부자리	귀한자리
그길을	아시기에	대종가의	종부되게
나를두고	허락하심	그때에는	이해못해
진성이씨	노송정에	종부된지	사십여년
친정어메	훈육하심	종부라는	정체성을
확립함에	힘이되고	바탕이	되었어라
안동예안	노송정	대종가에	입문하니
성주친정	안동시댁	제례법	모든예절
배우고	따르는데	많이달라	애로더라
직장생활	바쁜중에	시조부님	하명따라
기제사는	대구에서	모시기로	의논되니
일년동안	열세번에	기일때가	다가오면
떡쌀담가	출근길에	방앗간에	여다주고
퇴근길에	이고와서	어린놈	등에업고
제사준비	종종걸음	쉬운일이	아니더라
열한평	아파트에	양대제관	좁혀서서
정성으로	예갖추어	기제사를	모시었다
문중의	고유법도	일러주신	시조모님
유명하신	자정으로	친여같이	가르치신
시어머님	존안성음	다시못뵈	한이로다
어른님들	칭찬속에	그소임을	감당했다
할머님께	대구살림	구경시킴	좋으리라

할아버님	하명하에	합가하여	오륙여년
시조부모	시어머님	시동생	육남매와
저의아기	모두합쳐	열둘식구	한집에서
북적대던	대구생활	조석때때	넘나갔네
세탁기	없던시절	양말짝만	이십여짝
손시럽던	손빨래에	허리펼날	있었으랴
미편한속	안들키려	날슬들슴	조절하며
흩어지는	마음조각	참고참아	달래면서
밤새우고	뒤척이며	세월을	엮어갔네
초등학생	끝시동생	대학공부	다마치고
취직시켜	결혼하고	살림집	마련까지
육남매의	맏이로서	막중소임	다해내고
십수년	모셔왔던	시조부님	구십향수
회혼도	넘기시고	엄동설한	이월일일
운명하심	어이할고	통곡통곡	호천망극
잘모신일	하나없고	후회지십	뿐이어라
시조부님	九日장	삼년상	모실때에
삭망제사	어김없이	정성으로	받들었네
종상기일	의논중에	시조모님	세상뜨셔
시아버님	안계시어	승중손	상신으로
소복차림	육년으로	물색옷이	어색했다
인생지사	어느누가	쉬웠다고	단정하랴
조상부모	받들기는	인간사에	당연지사

살아온길	돌아보니	아리고도	벅찬감회
사향지회	그리울제	먼산을	바라보고
만인들로	추앙받는	선조님께	누가될까
부모교육	못지킬까	조심조심	살아온길
종가소임	어려웁고	종부임무	무거웠네
우리내외	종손종부	되는절차	정한날에
전국각지	종손주손	연비사가	모시고서
길제사를	올릴제에	픔위당당	점잖으신
문중어른	여러분	종부된	저를보고
예를갖춘	당부말씀	감동으로	받으오며
종부로서	자긍심을	심증에	담아두네
아들형제	헌헌장부	버림목이	되었어라
초로에	접어들어	고운단풍	물들듯이
곱게곱게	늙으려오		

사진으로 보는
종부의 일생

사진 · 이동춘

종부는 누구인가

종손의 부인을 가리킨다. 조선시대 이전엔 '총부冢婦'라 불렸다. 일반적으로 종손과 결혼한 후, 선대 종손인 시아버지의 3년상을 치르고 길제吉祭(吉祀)를 거쳐야 정식으로 종부의 지위에 오른다. 예서禮書인 『예기』와 『의례』에 따르면, 종부는 종가의 맏며느리로서 가사를 통솔하고 책임지는 존재로, 종법宗法에 의해 그 지위를 보장받았다. 조선시대의 종부는 여기서 한 걸음 더 나아가 제사를 받들고 집안의 가사를 관장하였을 뿐만 아니라, 종손인 남편이 자식 없이 사망했을 경우 대신하여 제사를 지내거나 입후立後를 세우는 데 영향력을 발휘하였다. 그러다가 17세기 이후 남성 중심의 종법제가 강화되자 관습적으로 부여되었던 제사권과 입후권은 약화되고, 봉제사와 접빈객을 주 내용으로 하는 종가의 안살림을 총괄하는 지위로 오늘날까지 이르고 있다.

종부는 종가를 튼튼히 세우고 유지하는 일이 누구보다도 자신들의 손에 달려 있다는 것을 늘 잊지 않고 있다. 홍수로 사당이 무너져 모든 것이 물살에 휩쓸려 갈 때 등에 업은 아이보다 사당의 감실을 먼저 챙겨 가문의 종통宗統을 지키고자 했던 이들도 종부였고, 일제에 의해 나라가 강탈당했을 때 독립운동을 하기 위해 떠난 종손을 대신해 종가를 지키며 뒷바라지한 이들도 종부였다. 종부들의 손에 의해 종가가 유지·보존되지 않았다면 우리의 종가문화는 제대로 전승되지 못했을 것이다. '여중군자女中君子'라는 말도 있듯이, 종부는 이렇듯 위를 받들고 아래를 보듬는 섬김과 나눔의 덕을 묵묵히 실천하며 종가와 문중을 지켜 온 산증인들이다. 자신의 권리주장보다 남을 향한 배려와 헌신이 더 요청되는 오늘날, 종부는 우리의 삶을 더불어 살도록 인도해 줄 마르지 않는 정신문화의 원천이다.

종가로 시집오다

전통시대에 종부는 다른 종가에서 태어나 자란 종녀宗女의 신분인 것이 일반적이었다. 비슷한 가문의 여성을 종부로 맞아들임으로써 가문의 지위와 품격을 유지하고자 했던 종법질서가 낳은 관행이다. 이렇게 이루어진 혼맥관계 즉 혼반婚班은 학맥과 더불어 조선시대 당파 형성에 중요한 역할을 하였다.

예천권씨 초간종가(초간정)
13대 종부의 신행 모습

의성김씨 학봉종가의 차종부가 신행 때 사당에 고유하는 모습

종녀는 자라면서 집안 어른들의 행동과 몸가짐, 언어를 본받아 배우는 등 장래 종부로서의 소양을 갖추어 혼인을 하였다. 혼인이 끝나면 차종부는 일반적인 경우와 마찬가지로 신행新行을 통해 시댁인 종가로 들어가는데, 혼례 과정에서 신랑이 신부집으로 오는 초행初行이나 재행再行과 달리 신부가 신랑집으로 들어가는 의례가 신행이다. 신행을 통해 시댁에 들어오면 시어른들께 친정어머니가 마련해준 음식으로 폐백을 드리고, 시댁에서는 이에 대한 답례로 새 며느리를 위해 큰상을 차려 준다. 이 과정에서 교환되는 음식과 예물들은 통상 두 집안의 규방문화(안살림)가 교류되는 계기를 이룬다.

의성김씨 학봉종가 차종부가 신행 때 시부모(①)와 집안 어른(②)께 폐백 드리는 모습

종가의 법도를 배우다

혼인을 하고 신행을 거쳐 시댁에 정식으로 들어오면 예비 종부 즉 차종부의 신분이 된다. 이때부터 시어머니인 종부의 가르침 아래 친정과는 다른 시댁의 규범을 새로 익히며 종부로서의 소양을 본격적으로 쌓아 간다. 제사 모시기와 손님 접대하기 등 종가의 공적인 의례는 물론이고, 시부모를 비롯한 집안 어른들 봉양과 음식조리 등 크고 작은 시댁 안살림의 법도를 익히는 일들이다.

시어머니인 종부(①)와 집안 어른(②)으로부터 종가의 음식문화를 배우고 있는 풍산류씨 서애종가(충효당) 차종부

전통시대의 경우 안살림을 제대로 해내지 못하는 자신을 자책하며 스스로 목숨을 끊는 비극적인 일도 종종 있었을 정도로 차종부들에게 시가의 법도를 익혀 나가는 일은 보람 못지않게 인고忍苦가 요구되는 과정이었다. 이런 과정을 거치며 문중구성원들의 평가와 인정을 통해 차종부는 미래 종부로 거듭난다. 근대 이후에는 젊은 차종손들이 공부나 직장생활을 위해 대도시에 거주하는 경우가 허다한데, 차종부가 살림집이 있는 도시와 종가가 있는 시골을 오르내리는 이 새로운 풍경은 종가문화 계승의 새로운 과제로 등장하고 있다.

종부로부터 살림을 배우고 있는 진성이씨 가문의 차종부들
① 진성이씨 온계종가(삼백당)
② 진성이씨 노송정종가
③ 진성이씨 주촌종가(경류정)

종부가 되다

시댁의 법도를 익힌 차종부가 '차次'라는 꼬리표를 떼고 정식으로 종부가 되는 것은 길제吉祭를 통해서다. 길사吉祀라고도 불리는 길제는 선대 종손인 시아버지의 3년상을 끝내고 신위를 사당에 새로 모실 때 4대봉사奉祀의 예법에 따라 기존의 4대조, 즉 새로 5대조가 되는 조상의 신위를 사당에서 모셔 나와서 묘소에 조매祧埋하게 됨을 고告하는 제사다.

종가의 길제 모습
①② 의성김씨 학봉종가
③ 일선김씨 점필재종가

길제는 이처럼 종가의 대代가 한 세대 밑으로 다시 계승됨을 알리는 축제 의식인 까닭에 예로부터 '길할 길吉' 자를 제사의 이름으로 삼았다. 이 때문에 길제는 통상 차종손과 차종부의 공식적인 종손·종부 취임 의식으로 받아들여진다. 이 가운데 종부는 길제의 꽃으로 특별히 대우받는다. 전통시대 여성의 대표적 성복盛服인 원삼과 족두리를 시집올 때처럼 곱게 차려입고 사당에 나아가 절을 하고 술을 올림으로써 길사의 하이라이트를 장식한다. 이와 같은 과정을 통해 종부는 정식으로 종가의 맏며느리임과 문중을 대표하는 여성임을 종법적으로 인정받는다.

진성이씨 퇴계종가(①)와 의성김씨 학봉종가(②)의 길제

섬기고 나누다

길제를 거쳐 정식으로 종부가 되면 크고 작은 종가살림을 관장하는 명실상부한 종가의 안주인이 된다. 종가살림에서 종부가 수행하는 가장 큰일은 역시 제사를 모시고 손님을 접대하는, 이른바 봉제사奉祭祀와 접빈객接賓客이다. 봉제사와 접빈객은 종가의 중대사로서 통상 종손이 주역이지만, 예법이 법도에 어긋나지 않도록 음식과 다과 등을 사전에 준비하고 장만하는 일은 온전히 종부의 몫이다. 특히 제사에서 종부는 종손에 이어 아헌亞獻으로 참여함으로써 종가 안주인으로서의 권위를 행사한다.

종부의 아헌
① 원주변씨 간재종가
② 진성이씨 주촌종가

종부의 아헌
③ 경주손씨 양민공종가(서백당)
④ 영일정씨 호수종가
⑤ 안동장씨 경당종가

접빈객은 문중 남성들과 타 가문 사람들의 종가 출입으로 비롯되는 손님맞이 격식이다. 이 과정에서 종부는 찾아오는 손님의 격에 합당한 접대가 이루어지도록 준비하고 베풀었다. 방문하는 손님 가운데는 종종 연고가 전혀 없는 사람들도 포함되는데, 이들에게도 처한 조건과 상관없이 먹을 것과 입을 것을 베풂으로써 종가가 사회적 지위에 걸맞은 도덕적 의무를 실천할 수 있도록 하였다. 섬김과 나눔을 근간으로 하는 '종부정신'의 발현인 것이다.

종부의 일상
① 손님맞이(풍산류씨 서애종가) ② 내방가사 창작(진성이씨 동암종가)
③ 내림 가양주 주조(전주류씨 정재종가)

사당에 들다

종부가 생을 마감하면 사당에 들어 종손의 신위 옆에 자신의 이름을 올린다. 종부의 죽음은 한 자연인의 죽음을 넘어 한 문화의 죽음을 뜻한다. 비록 며느리에게 종가 안살림의 예법을 모두 전수했을지라도, 손끝에서 하나하나 마술처럼 펼쳐지던 종가의 맛과 멋과 격식의 그 내밀한 세계는 온전히 그녀의 것이기 때문이다.

종부의 장례(안동권씨 충재종가 18대 종부)

종부의 죽음은 후대에 전하는 새로운 기강의 탄생을 의미하는 것이기도 하다. 20여 년 전 안동 어느 종가의 종부가 세상을 떠났을 때 시내 꽃집의 꽃이 동이 나고, 장례식 날 종가에는 생면부지의 사람들이 와서 엎드려 '어머니'를 부르며 목 놓아 울었다는 이야기가 전한다. 생전에 종부로부터 받았던 작은 보살핌들을 기억하며 먼 길 마다하지 않고 찾아왔던 사람들이 쏟아낸 애도의 울림들이다. 작게는 계란꾸러미나 양초를, 크게는 장례식 때 문상객 접대에 쓰라며 돼지를 싣고 와 부조를 전하던 그날의 풍경은 우리 사회에 아직까지 이어지는 종부의 위상을 충분히 짐작하게 한다.

① 종부의 신주를 사당에 모시기 위해 부제祔祭를 지내는 모습(영천이씨 농암종가)
② 길제 때 새로 조주되고 있는 종부의 신주(진성이 씨 퇴계종가)